HENRIK IBSEN

UM INIMIGO DO POVO

Tradução de PEDRO MANTIQUEIRA

www.lpm.com.br

L&PM POCKET

Coleção **L&PM** POCKET, vol. 229

Texto de acordo com a nova ortografia.

Primeira edição na Coleção **L&PM** POCKET: junho de 2001
Esta reimpressão: outubro de 2019

Tradução: Pedro Mantiqueira
Revisão e copy: Ivan Pinheiro Machado
Capa: Ivan Pinheiro Machado. *Ilustração*: iStock
Revisão: Renato Deitos

I14i

Ibsen, Henrik, 1828-1906
Um inimigo do povo / Henrik Ibsen; tradução de Pedro Mantiqueira. – Porto Alegre: L&PM, 2019.
176 p ; 18 cm – (Coleção L&PM POCKET; v. 229)

ISBN 978-85-254-1104-4

1. Ficção norueguesa-Teatro. I.Título. II. Série.

CDD 839.32
CDU 839.6-2

Catalogação elaborada por Izabel A. Merlo, CRB 10/329.

Rua Comendador Coruja, 314, loja 9 – Floresta – 90.220-180
Porto Alegre – RS – Brasil / Fone: 51.3225.5777

Pedidos & Depto. Comercial: vendas@lpm.com.br
Fale conosco: info@lpm.com.br
www.lpm.com.br

Impresso no Brasil
Primavera de 2019

1233.**Uma breve história da ciência** – William Bynum
1234.**Macunaíma: o herói sem nenhum caráter** – Mário de Andrade
1235.**A máquina do tempo** – H.G. Wells
1236.**O homem invisível** – H.G. Wells
1237.**Os 36 estratagemas: manual secreto da arte da guerra** – Anônimo
1238.**A mina de ouro e outras histórias** – Agatha Christie
1239.**Pic** – Jack Kerouac
1240.**O habitante da escuridão e outros contos** – H.P. Lovecraft
1241.**O chamado de Cthulhu e outros contos** – H.P. Lovecraft
1242.**O melhor de Meu reino por um cavalo!** – Edição de Ivan Pinheiro Machado
1243.**A guerra dos mundos** – H.G. Wells
1244.**O caso da criada perfeita e outras histórias** – Agatha Christie
1245.**Morte por afogamento e outras histórias** – Agatha Christie
1246.**Assassinato no Comitê Central** – Manuel Vázquez Montalbán
1247.**O papai é pop** – Marcos Piangers
1248.**O papai é pop 2** – Marcos Piangers
1249.**A mamãe é rock** – Ana Cardoso
1250.**Paris boêmia** – Dan Franck
1251.**Paris libertária** – Dan Franck
1252.**Paris ocupada** – Dan Franck
1253.**Uma anedota infame** – Dostoiévski
1254.**O último dia de um condenado** – Victor Hugo
1255.**Nem só de caviar vive o homem** – J.M. Simmel
1256.**Amanhã é outro dia** – J.M. Simmel
1257.**Mulherzinhas** – Louisa May Alcott
1258.**Reforma Protestante** – Peter Marshall
1259.**História econômica global** – Robert C. Allen
1260(33).**Che Guevara** – Alain Foix
1261.**Câncer** – Nicholas James
1262.**Akhenaton** – Agatha Christie
1263.**Aforismos para a sabedoria de vida** – Arthur Schopenhauer
1264.**Uma história do mundo** – David Coimbra
1265.**Ame e não sofra** – Walter Riso
1266.**Desapegue-se!** – Walter Riso
1267.**Os Sousa: Uma famíla do barulho** – Mauricio de Sousa
1268.**Nico Demo: O rei da travessura** – Mauricio de Sousa
1269.**Testemunha de acusação e outras peças** – Agatha Christie
1270(34).**Dostoiévski** – Virgil Tanase
1271.**O melhor de Hagar 8** – Dik Browne
1272.**O melhor de Hagar 9** – Dik Browne
1273.**O melhor de Hagar 10** – Dik e Chris Browne
1274.**Considerações sobre o governo representativo** – John Stuart Mill
1275.**O homem Moisés e a religião monoteísta** – Freud
1276.**Inibição, sintoma e medo** – Freud
1277.**Além do princípio de prazer** – Freud
1278.**O direito de dizer não!** – Walter Riso
1279.**A arte de ser flexível** – Walter Riso
1280.**Casados e descasados** – August Strindberg
1281.**Da Terra à Lua** – Júlio Verne
1282.**Minhas galerias e meus pintores** – Kahnweiler
1283.**A arte do romance** – Virginia Woolf
1284.**Teatro completo v. 1: As aves da noite** ***seguido de*** **O visitante** – Hilda Hilst
1285.**Teatro completo v. 2: O verdugo** ***seguido de*** **A morte do patriarca** – Hilda Hilst
1286.**Teatro completo v. 3: O rato no muro** ***seguido de*** **Auto da barca de Camiri** – Hilda Hilst
1287.**Teatro completo v. 4: A empresa** ***seguido de*** **O novo sistema** – Hilda Hilst
1288.**Sapiens: Uma breve história da humanidade** – Yuval Noah Harari
1289.**Fora de mim** – Martha Medeiros
1290.**Divã** – Martha Medeiros
1291.**Sobre a genealogia da moral: um escrito polêmico** – Nietzsche
1292.**A consciência de Zeno** – Italo Svevo
1293.**Células-tronco** – Jonathan Slack
1294.**O fim do ciúme e outros contos** – Proust
1295.**A jangada** – Júlio Verne
1296.**A ilha do dr. Moreau** – H.G. Wells
1297.**Ninho de fidalgos** – Ivan Turguêniev
1298.**Jane Eyre** – Charlotte Brontë
1299.**Sobre gatos** – Bukowski
1300.**Sobre o amor** – Bukowski
1301.**Escrever para não enlouquecer** – Bukowski
1302.**222 receitas** – J. A. Pinheiro Machado
1303.**Reinações de Narizinho** – Monteiro Lobato
1304.**O Saci** – Monteiro Lobato
1305.**Memórias da Emília** – Monteiro Lobato
1306.**O Picapau Amarelo** – Monteiro Lobato
1307.**A reforma da Natureza** – Monteiro Lobato
1308.**Fábulas** ***seguido de*** **Histórias diversas** – Monteiro Lobato
1309.**Aventuras de Hans Staden** – Monteiro Lobato
1310.**Peter Pan** – Monteiro Lobato
1311.**Dom Quixote das crianças** – Monteiro Lobato
1312.**O Minotauro** – Monteiro Lobato
1313.**Um quarto só seu** – Virginia Woolf
1314.**Sonetos** – Shakespeare
1315(35).**Thoreau** – Marie Berthoumieu e Laura El Makki
1316.**Teoria da arte** – Cynthia Freeland
1317.**A arte da prudência** – Baltasar Gracián
1318.**O louco** ***seguido de*** **Areia e espuma** – Khalil Gibran
1319.**O profeta** ***seguido de*** **O jardim do profeta** – Khalil Gibran
1320.**Jesus, o Filho do Homem** – Khalil Gibran
1321.**A luta** – Norman Mailer
1322.**Sobre o sofrimento do mundo e outros ensaios** – Schopenhauer

IMPRESSÃO:

PALLOTTI
GRÁFICA

Santa Maria - RS | Fone: (55) 3220.4500
www.graficapallotti.com.br

HENRIK IBSEN
(1828-1906)

HENRIK IBSEN nasceu em 20 de março de 1828, em Skien, na Noruega, num meio familiar conservador. Seu pai era um próspero comerciante, mas, em 1834, as autoridades governamentais mandaram fechar a destilaria da família, obrigando-o a vender tudo o que tinham. Em meio às dificuldades financeiras, em 1843, o jovem Ibsen foi para Grimstad trabalhar como assistente farmacêutico.

No início de 1849, escreveu *Catilina*, sua primeira peça e, um ano depois, mudou-se para Christiania (hoje Oslo), onde prestou os exames para entrar na Universidade, sem sucesso. Passou então a escrever resenhas de peças e foi trabalhar com o violinista clássico e diretor de teatro Ole Bull, adquirindo experiência na produção teatral. Em 1858, casou-se com Suzannah Thoresen, com quem teve um filho um ano depois.

Nesse período escreveu *Hærmændene paa Helgeland* (1858; Os guerreiros em Helgoland) e *Kongs-Emnerne* (1864; Os pretendentes à coroa), ambas sagas históricas, e *Kjærlighedens Komedie* (1862; A comédia do amor), uma sátira. Alguns fracassos de bilheteria o levaram a se mudar para a Itália com a família em 1864, vivendo longe da Noruega por 27 anos, com algumas passagens pela Alemanha. Foi no exterior que a fama veio, com *Brand* (1865) e *Peer Gynt* (1867).

Samfundets Støtter (1877; As colunas da sociedade) foi o primeiro de seus dramas realistas. Esta peça revolucionaria o teatro europeu e daria a Ibsen reconhecimento internacional pelo seu papel fundador na dramaturgia realista moderna. *Casa de bonecas* (1879), a segunda destas peças, provocou o público ao retratar uma mulher que se recusava a obedecer ao marido. A ela se seguiram, entre outras, *Um inimigo do povo* (1882) e *Heda*

Gabler (1890). Ibsen, entretanto, considerava *Kejser og Galilæer* (1873; Imperador e Galileu) sua peça mais importante.

Depois de seu retorno à Noruega no auge da fama, em 1891, escreveu suas quatro últimas peças, uma série de melancólicos dramas cujos protagonistas revisitavam escolhas feitas no passado. Em 1900, sofreu o primeiro de uma série de derrames que causariam sua morte, em 23 de maio de 1906.

Personagens

Dr. Thomas Stockmann, médico da Estação Balneária.

Sra. Stockmann, sua mulher.

Petra, sua filha, professora pública.

Eilif e **Morten**, seus filhos, 13 e 10 anos.

Peter Stockmann, irmão mais velho do doutor, prefeito, chefe de polícia, presidente da Estação Balneária etc.

Morten Kiil, dono de curtume, pai adotivo da Sra. Stockmann.

Hovstad, editor do jornal *A Voz do Povo.*

Billing, subeditor do jornal.

Horster, comandante de navio.

Aslaksen, impressor do jornal.

Cidadãos de todas as categorias, algumas mulheres e um bando de colegiais que vieram para a reunião pública.

A ação passa-se numa pequena cidade na costa meridional da Noruega.

Primeiro Ato

É noite. Sala de estar do Dr. Stockmann, modestamente mobiliada, mas com bom gosto. Na parede da direita, há duas portas. Uma conduz ao gabinete de trabalho do Dr. Stockmann e a outra dá para o vestíbulo. Na parede em frente a esta, à esquerda, há uma porta que dá para os quartos de dormir. Mais ao centro da mesma parede está a estufa. No primeiro plano, atrás de uma mesa oval, contra a parede, há um sofá e acima dele está pendurado um espelho. No fundo da peça, por uma porta aberta, se vê a sala de jantar. Na mesa, sobre a qual há um lampião com uma pantalha, está servido o jantar e Billing está sentado com um guardanapo ao pescoço. A Sra. Stockmann, em pé junto à mesa, alcança-lhe um prato de carne. Os outros lugares vazios e os talheres em desordem deixam claro que o jantar já acabou.

Sra. Stockmann – Sinto muito, sr. Billing, mas quando se chega atrasado mais de uma hora, só se encontra comida fria.

Billing (*Comendo.*) – Está ótimo! Excelente! Notável!

Sra. Stockmann – O senhor sabe como Stockmann é pontual...

Billing – Quer que lhe diga a verdade? Isso para mim é indiferente. Na verdade prefiro comer sozinho, sem ninguém para me incomodar.

Sra. Stockmann – Bem, já que é assim... (*Vira-se para a porta de entrada. Escuta.*) Deve ser Hovstad...

Billing – É provável.

(Entra o prefeito, Peter Stockmann, de sobretudo, com o boné do uniforme e uma bengala na mão.)

Prefeito – Saúdo-lhe com todo o respeito, querida cunhada.

Sra. Stockmann (*Atravessando a sala.*) – Ah, é você? Boa noite. Muita bondade sua vir nos ver.

Prefeito – Eu estava passando por aqui e então... (*Dá uma olhadela para a sala de jantar.*) Mas vejo que vocês têm visitas.

Sra. Stockmann (*Com ligeiro embaraço.*) – Pois é, casualmente... (*Um pouco alvoroçada.*) Mas você não quer sentar e tomar alguma coisa?

Prefeito – Eu, não! Francamente, agradeço-lhe. Jantar? Não, não... Não tenho estômago para isso.

Sra. Stockmann – De vez em quando, não faz mal.

Prefeito – Não, não. Muito obrigado: limito-me ao meu chá e às minhas torradas. A longo prazo é mais sadio... além do que é mais econômico.

Sra. Stockmann (*Sorrindo.*) – Mas não vá pensar, por isso, que somos uns gastadores, Thomas e eu.

Prefeito – Você não, cunhada. Longe de mim tal pensamento. (*Apontando para a porta do gabinete do doutor.*) Ele saiu?

Sra. Stockmann – Saiu. Foi dar uma voltinha com as crianças, depois do jantar.

Prefeito – Tem certeza de que isso é bom para a saúde? (*Ouvindo.*) Provavelmente é ele que chega.

Sra. Stockmann – Não, não é ele... (*Batem à porta.*) Entre! (*Entra Hovstad, vindo do vestíbulo.*) Ah! É o senhor Hovstad.

Hovstad – Sim. Desculpem-me. É que me demorei na redação... Boa noite, Sr. Prefeito.

Prefeito (*Saudando-o com frieza.*) – Sem dúvida, o senhor vem por um motivo muito importante.

Hovstad – Sim, em parte. Vim buscar um artigo para o jornal.

Prefeito – Naturalmente. Aliás, ouvi dizer que meu irmão está se dando muito bem como colaborador da *Voz do Povo*.

Hovstad – Sem dúvida. Cada vez que ele precisa dizer umas verdades ele escreve no nosso jornal.

Sra. Stockmann (*A Hovstad.*) – Mas... o senhor não quer...? (*Aponta para a mesa de jantar.*)

Prefeito – É claro! E de modo algum eu o censuro por dirigir-se a um público no qual encontra eco. Aliás, Sr. Hovstad, não tenho nenhum motivo pessoal para ter queixas do seu jornal.

Hovstad – Tenho certeza disso...

Prefeito – Em suma: em nossa cidade reina um belo espírito de tolerância, que é o autêntico espírito de cidadania. Deve-se isso ao fato de termos um interesse em comum, que nos une a todos – um interesse pelo qual todos os cidadãos honrados têm igual preocupação.

Hovstad – O senhor está se referindo à Estação Balneária?

Prefeito – Exatamente ! A Estação Balneária é algo magnífico! E tenho absoluta certeza de que esse estabelecimento será uma fonte de riqueza vital para nossa cidade.

Sra. Stockmann – Thomas também acha.

Prefeito – E é um fato! Veja que desenvolvimento extraordinário tem tido nossa cidade nestes dois últimos anos! Nota-se que há gente, vida, movimento. A cada dia que passa as casas, os terrenos se valorizam.

Hovstad – E os desempregados diminuem...

Prefeito – É verdade. Aí também o progresso é benéfico. Além disso, os impostos pesam muito menos sobre as classes abastadas. E diminuirão ainda mais se tivermos um bom verão, muitos veranistas... e um belo contingente de doentes que espalharão a fama do nosso estabelecimento.

HOVSTAD – Pelo que se ouve na cidade, é o que todo mundo espera.

PREFEITO – Os primeiros indícios são ótimos. Todos os dias recebemos pedidos de reservas e informações.

HOVSTAD – Nesse caso, creio que o artigo do doutor será muito oportuno.

PREFEITO – Ah! Então ele voltou a escrever?

HOVSTAD – Foi neste inverno. É um artigo onde o doutor recomenda nossas águas e destaca as ótimas condições higiênicas do Balneário. Mas não publicamos porque...

PREFEITO – Ah! Sim? Ele dizia algo inconveniente?

HOVSTAD – Não, não foi isso: é que eu achei melhor esperar a primavera. Só agora é que o povo começa a se preparar para o veraneio.

PREFEITO – Tem razão, sr. Hovstad, toda a razão.

SRA. STOCKMANN – Quando se trata do Balneário, Thomas é incansável.

PREFEITO – Para isso está a serviço lá.

Hovstad – Não convém esquecer que devemos a ele a criação da Estação.

Prefeito – A ele? É claro! Já ouvi várias pessoas dizerem isso. Entretanto, eu acho que, modestamente, também dei a minha contribuição para a criação desse empreendimento.

Sra. Stockmann – Com certeza, e Thomas nunca deixou de reconhecer isso.

Hovstad – Ora essa, e quem se atreveria a negá-lo, Sr. Prefeito? Todos sabem que foi o senhor quem pôs o negócio em andamento e lhe deu vida. Eu quis dizer, simplesmente, que a ideia foi do doutor.

Prefeito – Sim, sim! Jamais faltaram ideias ao meu irmão. E ele as teve até demais! Mas quando se trata de colocá-las em prática, Sr. Hovstad, é melhor dirigir-se a outra pessoa... E eu acreditava que pelo menos nesta casa...

Sra. Stockmann – Mas meu querido cunhado...

Hovstad – Como pode pensar, Sr. Prefeito...?

Sra. Stockmann – Mas sente-se, Sr. Hovstad, e tome alguma coisa. Meu marido não deve tardar.

Hovstad – Obrigado. Talvez prove alguma coisinha. (*Entra na sala de jantar.*)

Prefeito (*Baixando um pouco a voz.*) – É incrível como esses filhos de camponeses não têm o menor tato.

Sra. Stockmann – Vamos, cunhado, deixe de bobagens! Que lhe importa isso? Não podem, você e Thomas, dividir essa honra como bons irmãos?

Prefeito – Sem dúvida. Mas, pelo visto, algumas pessoas não enxergam assim.

Sra. Stockmann – Ora, vamos, vocês dois se entendem tão bem! (*Escutando.*) Desta vez, sim, acho que é ele.

(*Vai abrir a porta.*)

Dr. Stockmann (*Rindo e falando ruidosamente para os bastidores.*) – Olha, Catarina, aqui temos mais um convidado. Nada menos que o Capitão Horster. Tire o sobretudo. Ah! É verdade, você não usa sobretudo. Imagina só, Catarina, encontrei-o na rua e tive que convencê-lo a subir. (*O Capitão Horster entra e cumprimenta a Sra. Stockmann.*) Vamos, entrem, garotos. Eles dizem que estão morrendo de fome. Venha, Capitão Horster. Venha provar o assado.

(*Leva Horster para a sala de jantar. Eilif e Morten entram também.*)

Sra. Stockmann – Thomas, temos visita...

Dr. Stockmann (*Na porta, voltando-se.*) – Ah! É você, Peter! (*Aproxima-se dele e estende-lhe a mão.*) Que bom lhe ver!

Prefeito – Infelizmente já estou de saída...

Dr. Stockmann – Bobagem! Daqui a pouco vamos servir uma bebidinha. Você não esqueceu o aperitivo, Catarina?

Sra. Stockmann – Fica tranquilo, já estou providenciando. (*Ela entra na sala de jantar.*)

Prefeito – Aperitivo! Era só o que faltava...

Dr. Stockmann – Venha, sente-se ali. Vamos nos divertir um pouco, tomar uma bebida.

Prefeito – Obrigado. Nunca tomo parte em festins com álcool.

Dr. Stockmann – Mas isto não é um festim.

Prefeito – Parece-me que sim. (*Olha, de novo, para a sala de jantar.*) Não sei onde vocês conseguem meter toda essa comida.

Dr. Stockmann (*Esfregando as mãos.*) – Como é agradável ver a mocidade comer, não acha? Sempre tem apetite! Os moços precisam de alimento, de forças! São eles que vão enfrentar os desafios do futuro e construir algo novo!

Prefeito – Poderia me dizer que desafios são esses?

Dr. Stockmann – Pergunte aos jovens. Eles responderão quando o momento chegar. Quanto a nós, nesses assuntos, não enxergamos grande coisa. E não é de estranhar. Dois velhos retrógrados, como você e eu.

Prefeito – Pelo amor de Deus! Você tem umas expressões!

Dr. Stockmann – Me desculpa, Peter. Não toma minhas palavras ao pé da letra... Mas diante de tantas novidades me sinto muito feliz. Vivemos tempos prodigiosos! De uma hora para outra podemos ver um mundo novo formar-se diante de nossos olhos!

Prefeito – Você realmente acha isso?

Dr. Stockmann – Sim, compreendo que não possa sentir como eu. Você passou toda a vida sem arredar pé daqui e isso amortece a sua sensibilidade. Mas eu, que tive de me isolar durante anos perto do Polo Norte, num lugar ermo, na mais completa solidão, sem quase nunca ver uma cara nova, nem ouvir ninguém, eu tive os meus sentidos aguçados, e tenho a sensação de, repentinamente, estar no meio de uma grande cidade, trepidante de movimento e de ação.

Prefeito – Hum... Uma grande cidade...

Dr. Stockmann – Sim, já sei. Tudo isso é pequeno em comparação com o que se vê em outros lugares. Mas aqui há vida, há um futuro pelo qual vale a pena trabalhar e lutar. E isso é o que importa. (*Chamando.*) Catarina! Veio o carteiro?

Sra. Stockmann (*Respondendo da sala de jantar.*) – Não. Ele não veio.

Dr. Stockmann – E, além disso, Peter, já é alguma coisa ter assegurado o pão de cada dia! E isso,

Peter, só nós, que vivemos tantas privações, podemos valorizar.

Prefeito – De fato, mas...

Dr. Stockmann – Pois é isso. Depois de tudo que passamos, agora podemos viver como fidalgos! Hoje, por exemplo, tivemos assado para o jantar. Que diz? Não quer provar um pedaço? Pelo menos quero que o veja. Decida-se, venha...

Prefeito – Não, não. Não quero nada, absolutamente.

Dr. Stockmann – Nesse caso, vem cá. Está vendo? Temos um belo tapete.

Prefeito – Sim, já notei.

Dr. Stockmann – E também um novo lustre. Olha! Tudo isso é fruto das economias de Catarina. E aparenta um certo luxo, é gracioso. Não acha? Olhe daqui! Não, não, não, assim! Aí. Vê? Quando a luz bate em cheio... É realmente elegante, não é?

Prefeito – É verdade... quando a gente se permite esses luxos...

Dr. Stockmann – Então! Eu agora posso me permitir isso. Catarina diz que eu ganho quase tanto quanto o que gastamos.

Prefeito – Quase tanto! Sim.

Dr. Stockmann – Afinal de contas, é preciso que um homem de ciência, como eu, viva com uma certa dignidade. Tenho certeza de que um prefeito gasta por ano muito mais do que eu.

Prefeito – Claro que sim. Um prefeito! Estás falando de um funcionário superior do Estado!...

Dr. Stockmann – Pois bem! Deixemos os prefeitos, imagine um grande comerciante qualquer. Ele gasta muito mais do que eu!

Prefeito – Ora! Evidentemente!

Dr. Stockmann – Por outro lado, Peter, nós não fazemos despesas inúteis. Não posso, entretanto, recusar o prazer de receber visitas em minha casa. Para mim, é uma necessidade orgânica, uma necessidade vital, por ter estado tantos anos longe do convívio dos homens, ver em torno de mim toda essa mocidade de espírito livre, audaz, ativa, empreendedora, como estes que estão comendo à mesa. Gostaria que você conhecesse melhor o Hovstad.

Prefeito – Ah! Sim... Hovstad. Ele até me falou de um outro artigo seu que ia publicar.

Dr. Stockmann – Um artigo meu?

Prefeito – Sim, sobre o Balneário. Um artigo que você escreveu no inverno.

Dr. Stockmann – É verdade, não me lembrava mais. Mas eu não quero que seja publicado por enquanto.

Prefeito – Como? Agora é o momento mais oportuno!

Dr. Stockmann – Sim, sim, tens razão, mas em condições normais... (*Atravessa o quarto.*)

Prefeito (*Seguindo-o com os olhos.*) – Mas... Qual é o problema? Existe alguma anormalidade?

Dr. Stockmann (*Detendo-se.*) – Peter, não posso dizer nada de concreto. Pelo menos por enquanto. Talvez muitas coisas não estejam normais. Ou talvez nada exista de anormal: é possível que tudo não passe de simples fantasia.

Prefeito – Realmente, estou achando isso tudo muito misterioso. Diga-me, homem, o que se passa? Alguma coisa que não posso saber? Acho que como presidente da Estação tenho o direito a...

Dr. Stockmann – Me parece que... Mas que diabos, Peter! Não vamos começar com discussões, não é mesmo?

Prefeito – Deus me livre! Tenho horror a brigas ou discussões com quem quer que seja. Mas exijo que tudo se resolva segundo os regulamentos e passe pela autoridade legalmente constituída para esse fim. Nada de operações clandestinas!

Dr. Stockmann – Tenho eu por acaso o hábito de usar caminhos escusos ou clandestinos?...

Prefeito – Não digo que você tenha feito isso. Mas sei que tem a tentação permanente de fazer as coisas por sua própria conta. E, numa sociedade bem-organizada, isso é inadmissível. As iniciativas particulares devem se submeter, custe o que custar, ao interesse geral, ou melhor, às autoridades encarregadas de zelar pelo bem geral.

Dr. Stockmann – É possível. Mas, com mil demônios, que me importa tudo isso?

Prefeito – Importa muito, meu querido Thomas, você nunca quis reconhecer. Mas preste bem atenção: você acabará por aprender. Mais dia, menos dia. Era isso que eu queria te dizer.

Dr. Stockmann – Você está completamente louco. Está vendo problemas, complicações onde não há nada.

Prefeito – Não é meu costume, Thomas. Além disso, não quero discutir. (*Dirige uma saudação à sala de jantar.*) Adeus, minha cunhada. Adeus, senhores. (*Sai.*)

Sra. Stockmann (*Entrando.*) – Ele se foi?

Dr. Stockmann – Foi-se. E zangadíssimo.

Sra. Stockmann – O que você disse a ele, Thomas?

Dr. Stockmann – Absolutamente nada. Afinal de contas, ele não pode exigir que eu apresente as minhas conclusões antes do tempo.

Sra. Stockmann – Conclusões? Do que você está falando?

Dr. Stockmann – Não é nada Catarina. São assuntos que só interessam a mim... Acho estranho não ter vindo o carteiro.

(*Hovstad, Billing e Horster, e a seguir Eilif e Morten, entram, vindos da sala de jantar.*)

Billing (*Espreguiçando-se.*) – Que Deus me perdoe, mas um jantar destes transforma uma pessoa.

Hovstad – O prefeito não estava com cara de muitos amigos, hoje.

Dr. Stockmann – É o estômago. Ele tem problemas de digestão.

Hovstad – Acho que é a nós, da *Voz do Povo*, que ele não consegue digerir.

Sra. Stockmann – Mas esta noite parece-me que o senhor estava bem com ele.

Hovstad – Sim, sim. Trata-se apenas de uma trégua.

Billing – Uma trégua. Sim, é o termo exato.

Dr. Stockmann – Lembrem-se de que Peter é um pobre solitário. Não tem uma família onde possa se abrigar; tudo o que ele tem são negócios, negócios. E além disso, o que se pode dizer de um homem que bebe só chá! Esta água suja! Vamos, vamos para a mesa, meus filhos! Então, Catarina, e esse ponche?

Sra. Stockmann (*Encaminhando-se para a sala de jantar.*) – Vou buscar.

Dr. Stockmann – Capitão Horster, venha sentar-se aqui, perto de mim. Nos vemos tão pouco... Sentem-se meus amigos...

(Sentam-se. A Sra. Stockmann traz uma bandeja com uma jarra, copos etc. etc.)

Sra. Stockmann – Pronto; aqui está o limão e o rum. Ali está o conhaque. Cada um se sirva à vontade.

Dr. Stockmann (*Tomando um copo.*) – É o que faremos. (*Preparam a bebida.*) Agora, venham os charutos. Eilif! Você deve saber onde está a caixa. E você, Morten, traga o meu cachimbo. (*Os dois meninos vão ao quarto da direita.*) Desconfio que o Eilif surripia um charuto de vez em quando, mas eu finjo que não vejo. (*Chamando*) E também o meu gorro, Morten! Catarina? Por favor, diz a ele onde o botei. Pronto, não precisa, ele já está trazendo. (*Os dois meninos trazem os charutos e o cachimbo.*) Sirvam-se, meus amigos. Quanto a mim, sou fiel ao meu velho cachimbo. Ele me acompanhou em muitas expedições entre as nevascas do Polo Norte. (*Brindando.*) Saúde! É muito melhor estar no aconchego do lar...

Sra. Stockmann (*Fazendo tricô.*) – O Capitão Horster vai partir logo?

Horster – Espero estar pronto na semana que vem.

Sra. Stockmann – O senhor vai para a América?

Horster – Sim. Pelo menos é o que pretendo.

Billing – Mas então o senhor não vai votar nas eleições municipais?

Horster – Vão haver novas eleições?

Billing – Não sabia?

Horster – Não. Eu não me interesso por essas coisas.

Billing – O senhor não se interessa pelos assuntos públicos?

Horster – Para falar a verdade, não entendo dessas coisas.

Billing – Mesmo assim, deve-se pelo menos votar.

Horster – Mesmo os que não entendem nada?

Billing – Como não entende nada? Que quer o senhor dizer? A sociedade é como um navio. Todos devem estar atentos a sua rota.

Horster – É possível que em terra firme seja assim. No mar, isso não daria resultado.

Hovstad – É estranho como a maioria dos marinheiros pouco se preocupa com interesses da nação.

Billing – Sim, é estranho mesmo.

Dr. Stockmann – Os marinheiros são como os pássaros migradores: tanto se sentem em casa no Norte como no Sul. E isso nos obriga a trabalhar mais ainda, não lhe parece Hovstad? A *Voz do Povo* de amanhã publica algo de interessante?

Hovstad – Dos nossos assuntos municipais? Não. Mas depois de amanhã pretendo publicar seu artigo.

Dr. Stockmann – Com os diabos! É verdade!... Meu artigo!... Não, ouça: é preciso esperar um pouco...

Hovstad – Como? O jornal tem espaço, e este é justamente o momento oportuno!

Dr. Stockmann – Sim, sim. Você talvez tenha razão. Mas não importa. É preciso esperar. Mais tarde eu lhe explicarei o motivo.

(Entra Petra.)

Petra – Boa noite.

Dr. Stockmann – Ah! Chegou! Boa noite, Petra. (*Trocam saudações. Petra tira o chapéu e despe o casaco, colocando os cadernos em cima de uma cadeira, junto à porta.*)

Petra – Como! Estão de festa por aqui enquanto eu dou duro lá fora?

Dr. Stockmann – E por que não? Aproveite você também, agora.

Billing (*Para Petra.*) – Quer que lhe prepare um ponche?

Petra – Obrigada, deixa que eu mesmo preparo. Você prepara um ponche muito forte. Ah! Já ia me esquecendo, pai! Trago uma carta para você. (*Aproxima-se da cadeira onde pôs os casacos.*)

Dr. Stockmann – Uma carta! De quem?

Petra (*Procurando no bolso do casaco.*) – É uma carta que o carteiro me entregou quando eu estava saindo.

Dr. Stockmann (*Erguendo-se e indo ao encontro dela.*) – E só agora você me entrega.

Petra – Eu tinha pressa, não podia voltar. Aqui está.

Dr. Stockmann (*Pegando da carta.*) – Me dá esta carta, minha filha, vamos. (*Olhando o endereço.*) Sim, é esta.

Sra. Stockmann – A carta que você estava esperando, Thomas?

Dr. Stockmann – Essa mesma. Depressa! Preciso ler isto imediatamente. Preciso de uma boa luz, Catarina! Meu quarto está sem lamparina, ainda?

Sra. Stockmann – Não, Thomas. A lamparina está acesa em cima da sua escrivaninha.

Dr. Stockmann – Está bem, está bem. Vocês me dão licença um momento... (*Entra no quarto à direita.*)

PETRA – O que será, mãe?

SRA. STOCKMANN – Não sei de nada. Nestes últimos dias ele tem perguntado a toda hora pelo carteiro.

BILLING – Com certeza algum paciente que mora no campo.

PETRA – Pobre pai. Realmente ele trabalha demais. (*Preparando o seu ponche.*) Este vai ser maravilhoso!

HOVSTAD – Você estava dando aula até agora?

PETRA (*Provando o ponche.*) – Uma aula de duas horas.

BILLING – E quatro horas de instituto, de manhã.

PETRA (*Sentando-se à mesa.*) – Cinco horas.

SRA. STOCKMANN – E, pelo jeito, você ainda tem os deveres dos alunos para corrigir.

PETRA – Uma pilha inteira.

HOVSTAD – Você também trabalha demais, pelo que vejo.

PETRA – Pode ser, mas não me queixo. Sente-se um cansaço delicioso quando termina.

BILLING – E você gosta disso?

PETRA – Gosto. E depois, se dorme tão bem...

Morten – Você deve ter muitos pecados, Petra.

Petra – Eu?

Morten – Sim! Para trabalhar tanto. O Sr. Roerlund diz que o trabalho é uma penitência pelos nossos pecados.

Eilif (*Assobiando.*) – Que bobagem! Só um idiota para acreditar nessas baboseiras.

Sra. Stockmann – Que é isso, Eilif, que é isso?

Billing (*Rindo.*) – É engraçado!

Hovstad – Não gostaria de trabalhar, Morten?

Morten – Não. Que ideia!

Hovstad – Mas então o que você quer ser quando crescer?

Mortin – Eu? Quero ser um viking.

Eilif – Nesse caso, seria preciso que fosse pagão.

Morten – Pois bem, eu me tornarei pagão...

Billing – Concordo contigo, Morten.

Sra. Stockmann (*Fazendo-lhe um sinal.*) – Com certeza que não, Sr. Billing! O senhor não fala sério.

Billing – Que Deus me castigue se não é verdade! Sou um pagão e disso me orgulho. A senhora verá: todos nós nos tornaremos pagãos, muito breve.

Morten – E então poderemos fazer tudo o que bem entendermos, não é?

Billing – É que, não é bem assim, Morten...

Sra. Stockmann – Vamos, crianças, para o quarto, vocês com certeza têm dever de casa para amanhã.

Eilif – Eu quero ficar um pouquinho mais.

Sra. Stockmann – Não: você também precisa ir para o quarto. Vão, vocês dois.

(*Os dois meninos se despedem e entram no quarto à esquerda.*)

Hovstad – Diga-me sinceramente. A senhora acha realmente que essas conversas são prejudiciais às crianças?

Sra. Stockmann – Não sei dizer, mas não gosto disso.

Petra – Eu acho que você está exagerando, mãe.

Sra. Stockmann – É bem possível, mas não gosto desta forma de falar, pelo menos aqui em casa.

Petra – Há tanta mentira em casa quanto na escola. Aqui temos de nos calar e lá devemos mentir para as crianças que nos ouvem.

Horster – Mentir?

Petra – Às vezes somos obrigados a lhes ensinar coisas que nós mesmos não acreditamos.

Billing – Sim, é bem verdade isso.

Petra – Se eu tivesse meios, faria uma escola completamente diferente dessas tradicionais!

Billing – Ora! Os meios...

Horster – Se está pensando nisso seriamente, senhorita, posso colocar um ótimo espaço a sua disposição. A velha casa de meu falecido pai é grande e está quase vazia. Tem uma enorme sala de jantar no primeiro piso.

Petra (*Rindo.*) – Sim, sim, obrigada. Mas o mais provável é que eu jamais realize o meu projeto.

Hovstad – Isso se explica. Estou convicto de que a senhorita Petra irá, de preferência, para o jornalismo. A propósito: você já leu aquela novela inglesa que prometeu traduzir para nós?

Petra – Não, ainda não. Mas farei logo, prometo.

(*Entra o Dr. Stockmann, que vem do seu gabinete de trabalho, com uma carta aberta na mão.*)

Dr. Stockmann (*Agitando a carta.*) – Podem ficar certos, meus amigos, de que vamos ter notícias sensacionais aqui na cidade!

Billing – Novidades?

Sra. Stockmann – De que se trata?

Dr. Stockmann – De uma grande descoberta, Catarina!

Hovstad – Que está dizendo?

Sra. Stockmann – O que você fez?

Dr. Stockmann – Exatamente. O que eu fiz! (*Caminhando a passos largos pelo quarto.*) Venham dizer agora, como costumam dizer, que são fantasias, ideias de louco. Quem há de atrever-se? Ninguém vai ter este atrevimento!

Petra – Vamos, pai. Diga, afinal, do que se trata.

Dr. Stockmann – Sim, sim, esperem um pouco, ficarão sabendo de tudo. Imaginem! Ah! se Peter estivesse aqui! É a demonstração de quão torpes nós somos, verdadeiros cegos, piores do que toupeiras.

Hovstad – Que é que o senhor quer dizer com isso, doutor?

Dr. Stockmann (*Detendo-se junto à mesa.*) – Não é opinião geral que a nossa cidade é um lugar saudável?

Hovstad – Certamente.

Dr. Stockmann – E até mesmo salubérrimo, um lugar que se deve recomendar calorosamente tanto aos doentes como às pessoas sadias.

Sra. Stockmann – Mas, querido Thomas...

Dr. Stockmann – Assim é que a recomendamos, em todos os tons. Escrevi muito a respeito: artigos na *Voz do Povo*, folhetos...

Hovstad – Sim, sim, e então?

Dr. Stockmann – Essa Estação Balneária a qual chamamos de grande artéria, de nervo motor da cidade, de não sei mais o quê...

Billing – "O coração palpitante de nossa cidade", tomei a liberdade de escrever num momento solene...

Dr. Stockmann – É verdade. Ia me esquecendo. Pois bem! Sabem vocês o que é, na realidade, esse soberbo estabelecimento assim cantado em prosa e verso e que tanto dinheiro custou? Sabem vocês o que ele é?

Hovstad – Diga, doutor, diga logo!

Sra. Stockmann – Sim, diga!

Dr. Stockmann – O Balneário, todo ele, é um foco de infecções.

Petra – Que Balneário, pai!?

Sra. Stockmann (*Ao mesmo tempo.*) – Nossos banhos!

Hovstad – Mas Doutor!...

Billing – É incrível!

Dr. Stockmann – O Balneário todo nada mais é do que um sepulcro envenenado, garanto-lhes. Perigosíssimo para a saúde pública! Todas as imundícies do Vale dos Moinhos e dos curtumes infectam a água da canalização que vai ao reservatório de águas. E esse maldito lixo envenena as águas e vai até a praia...

Horster – Até os locais de banhos?

Dr. Stockmann – Exatamente.

Hovstad – E como pode o senhor estar tão convencido de tudo isso, doutor?

Dr. Stockmann – Fiz pesquisas muito minuciosas. Há muito eu suspeitava de qualquer coisa. Na última temporada, houve entre os banhistas casos alarmantes de tifo e febres gástricas.

Sra. Stockmann – Sim, é verdade.

Dr. Stockmann – A princípio, pensávamos que as infecções tinham sido trazidas por eles. Porém mais tarde – no inverno – resolvi analisar a água com atenção redobrada.

Sra. Stockmann – Era isso, então, o que tanto lhe preocupava?

Dr. Stockmann – E como me preocupava, Catarina! Mas me faltavam recursos modernos para analisar a água. Então resolvi mandar amostras da água de beber e da água do mar para a Universidade, para que fosse feita uma análise rigorosa pelos químicos.

Hovstad – E acaba de receber os resultados da análise?

Dr. Stockmann (*Mostrando a carta.*) – Aqui estão! Encontraram na água a presença de substâncias orgânicas em decomposição. Está cheia de infusórios, que são detritos animais decompostos. O uso dessa água, quer interno, quer externo, é absolutamente prejudicial à saúde.

Sra. Stockmann – Louvado seja Deus por teres descoberto isso a tempo!

Dr. Stockmann – É verdade...

Hovstad – E o que o senhor pretende fazer?

Dr. Stockmann – Tomar providências para remediar isso, naturalmente.

Hovstad – É possível então...

Dr. Stockmann – Tem que ser possível. De outra forma, o Balneário estaria perdido... Só restaria fechá-lo. Felizmente, não chegamos a esse ponto. Sei perfeitamente o que podemos fazer.

Sra. Stockmann – E pensar, querido Thomas, que você guardou segredo sobre isso tudo.

Dr. Stockmann – Catarina, eu não sou tão louco a ponto de divulgar algo de tamanha gravidade sem ter certeza absoluta.

Petra – Mas a nós, pelo menos...

Dr. Stockmann – A ninguém neste mundo. Mas agora sim. Amanhã você irá na casa do Leitão...

Sra. Stockmann – Ora, Thomas...

Dr. Stockmann – Está bem, está bem. Na casa do teu pai. Ah! Que surpresa ele vai ter. Ele diz que eu sou louco? Aliás, ele não é o único a pensar dessa maneira. Mas essa gente há de ver, e bem.... (*Dá uma volta pela sala esfregando as mãos.*) Vais ver, Catarina, o rebuliço que esse caso vai provocar! Você nunca viu nada igual. Vai ser preciso mudar toda a canalização.

Hovstad (*Pondo-se de pé.*) – Toda a canalização...?

Dr. Stockmann – Claro. A captação de água foi feita muito embaixo, próxima dos lençóis poluídos. Será preciso refazer as tubulações num plano mais acima, onde a água é boa.

Petra – Então, afinal de contas, você é que tinha razão?

Dr. Stockmann – Claro! Você lembra, Petra? Eu escrevi contra o projeto deles. Mas, na época, ninguém me deu ouvidos. Agora eles vão ter que me ouvir, queiram ou não. Porque, como devem imaginar, redigi um relatório à administração da Estação Balneária. Está pronto há mais de uma semana. Só estava à espera disto. (*Mostra a carta.*)

Agora vou mandá-lo. (*Entra no gabinete e sai com um maço de papéis.*) Catarina, um papel! Preciso embrulhar tudo. (*Embrulha.*) Pronto, aqui está! Dá o pacote à... à... (*Bate com o pé.*) Como diabos se chama ela? A criada, com mil demônios! Que ela o leve imediatamente ao prefeito. (*A Sra. Stockmann pega o embrulho de papéis e sai pela sala de jantar.*)

Petra – Pai, o que tio Peter vai achar de tudo isso?

Dr. Stockmann – O que você imagina que ele vai pensar? Acho que ele deveria ficar feliz e aliviado ao ver revelada uma descoberta tão importante.

Hovstad – O senhor me permite, doutor, publicar uma nota sobre a sua descoberta na *Voz do Povo*?

Dr. Stockmann – Sim, e ficaria muito grato.

Hovstad – É muito importante, de fato, que o público seja informado o quanto antes.

Dr. Stockmann – Certamente que sim.

Sra. Stockmann – A criada já foi entregar o pacote.

Billing – Com toda a certeza o senhor vai se tornar um dos personagens mais importantes da cidade.

Dr. Stockmann (*Caminhando, com ar satisfeito.*) – Que nada! Fiz apenas o meu dever. Não importa...

Billing – Diga-me, Hovstad, não lhe parece que a cidade deveria prestar uma grande homenagem ao Dr. Stockmann?

Hovstad – Boa ideia! Vou propor através do jornal!

Billing – E eu vou falar sobre isso com o Aslaksen.

Dr. Stockmann – Não, meus amigos, nada de badalações! Não quero ouvir falar nisso. E se a direção da Estação Balneária quiser aumentar o meu ordenado, recusarei. Recusarei! Você ouviu Catarina?

Sra. Stockmann – E tens razão.

Petra (*Erguendo o copo.*) – À sua saúde, pai!

Hovstad e **Billing** – À sua saúde, doutor, à sua saúde!

Hovstad (*Chocando o copo no do doutor.*) – Felicidade e longa vida, doutor!

Dr. Stockmann – Obrigado, meus amigos, obrigado! Estou muito satisfeito. Ah! É uma bênção poder prestar um serviço a minha cidade, que eu tanto amo, e aos nossos concidadãos. Catarina! (*Pega Catarina pela cintura e a faz girar. Ela grita e resiste. Risos, aplausos e aclamações. Eilif e Morten põem a cabeça pela porta entreaberta.*)

Pano

Segundo Ato

A mesma decoração do ato anterior. A porta da sala de jantar está fechada. É de manhã.

Sra. Stockmann (*Com uma carta lacrada na mão, entra pela porta da sala de jantar, caminha até a primeira porta à direita e a entreabre.*) – Estás aí, Thomas?

Dr. Stockmann (*Falando de fora.*) – Sim, acabo de chegar. (*Entra.*) Alguma novidade?

Sra. Stockmann – Chegou uma carta do teu irmão. (*Entrega a carta.*)

Dr. Stockmann – Ah! Muito bem! Vamos ver... (*Abre o envelope e lê:*) "Junto o manuscrito de que me inteirei..." (*Continua a ler em voz mais baixa.*) Hum...

Sra. Stockmann – Que diz ele?

Dr. Stockmann (*Botando os papéis no bolso.*) – Nada. Que quer falar comigo aqui em casa ao meio-dia.

Sra. Stockmann – Então não esqueça de que deverá estar em casa antes do meio-dia.

Dr. Stockmann – Não, pode deixar. Acho que nem vou sair. Já fiz as minhas visitas da manhã.

Sra. Stockmann – Estou curiosa para saber o que ele está pensando a respeito disso.

Dr. Stockmann – Você vai ver que ele estará morrendo de inveja de ter sido eu e não ele o autor da descoberta.

Sra. Stockmann – Com certeza. Mas isso não preocupa você?

Dr. Stockmann – Não! Tenho certeza de que, no fundo, ele está contente. Tu sabes que o Peter não admite que outra pessoa, a não ser ele, preste serviço à comunidade.

Sra. Stockmann – Nesse caso, Thomas, deverias dividir com ele a honra da descoberta. E se você fizesse Peter acreditar que foi ele quem lhe colocou na pista... ou algo assim?

Dr. Stockmann – Por mim não tem nenhum problema, desde que se façam todas as reformas necessárias.

Morten Kiil (*Põe a cabeça pela abertura da porta e, com um ar malicioso, pergunta.*) – Digam-me, é verdade?

Sra. Stockmann (*Dirigindo-se a ele*) – É você, papai?

Dr. Stockmann – Bom dia, sogro. Que surpresa!

Sra. Stockmann – Entre, papai.

Morten Kiil – Se é verdade, eu entro, se não, vou embora.

Dr. Stockmann – Se é verdade?... Mas de que se trata?

Morten Kiil – Ora essa! Esse assunto das águas. É verdade, essa loucura?

Dr. Stockmann – É claro que é verdade. Mas como ficou sabendo?

Morten Kiil – Antes de ir para a escola, Petra veio correndo...

Dr. Stockmann – É verdade, Petra?

Morten Kiil – Sim! Petra nos deu a notícia... A princípio pensei que ela estivesse zombando de mim. Mas como isso não é do seu feitio...

Dr. Stockmann – Ora, como pode imaginar...?

Morten Kiil – Não devemos nos fiar em ninguém. Zombam da gente por qualquer coisa hoje em dia. Então, é mesmo verdade?

Dr. Stockmann – Sem dúvida. Sente-se, meu sogro, vamos conversar. (*Ele oferece o sofá.*) Não acha que isso é uma verdadeira sorte para a cidade?

Morten Kiil (*Abafando o riso.*) – Uma sorte para a cidade?

Dr. Stockmann – Sim, uma sorte que eu tenha descoberto a coisa a tempo.

Morten Kiil – Sim, sim, sim. Mas, francamente, eu nunca teria julgado você capaz de pregar uma peça desta ordem ao seu próprio irmão.

Dr. Stockmann – Uma peça?

Sra. Stockmann – Mas meu pai...

Morten Kiil (*Com as mãos e o queixo apoiados no castão da bengala, pisca os olhos maliciosamente e olha o doutor.*) – Vamos ver. Como é esse negócio? Entrou um bicho no encanamento da água, não é?

Dr. Stockmann – Sim, um micróbio.

Morten Kiil – Petra me disse que entraram alguns desses bichos. Uma porção.

Dr. Stockmann – Exatamente. Centenas de milhares...

Morten Kiil – Que ninguém pode ver. Não é verdade?

Dr. Stockmann – Não, não é possível vê-los.

Morten Kiil (*Com um risinho.*) – Diabos! Essa é muito boa!

Dr. Stockmann – Que quer dizer com isso?

Morten Kiil – Você não imagina que o prefeito vai engolir uma história como essa, não é?

Dr. Stockmann – É o que veremos.

Morten Kiil – Nem que ele tenha ficado louco...

Dr. Stockmann – Acho que todos na cidade serão bastante loucos para isso.

Morten Kiil – Todos? Enfim, é bem possível... Pois bem! Eles precisam disso. E será benfeito. Ah! Acham que são mais espertos que os outros. Querem nos dar lições, a nós, os velhos? Me expulsaram do Conselho como a um cão. Mas vão pagar caro. É isso Stockmann, pregue-lhes boas peças.

Dr. Stockmann – Mas, meu sogro...

Morten Kiil – Boas peças, já disse. (*Levanta-se.*) Se você conseguir fazê-los embarcar, todos, na canoa, o prefeito e os amigos, eu darei cem coroas para os pobres.

Dr. Stockmann – É muita bondade sua.

Morten Kiil – Isso não quer dizer que eu esteja cheio do dinheiro. Mas se você conseguir, ofereço, pelo Natal, umas cinquenta coroas para os pobres.

(*Hovstad entra pela porta da frente.*)

Hovstad – Bom dia! (*Para.*) Ah! Desculpem.

Dr. Stockmann – Não, pode entrar.

Morten Kiil (*Com o mesmo ar de zombaria.*) – Também está na conspiração?

Hovstad – Não entendo!?

Dr. Stockmann – Sim! Ele também é dos nossos!

Morten Kiil – Eu devia ter suspeitado! É preciso ter o apoio da imprensa para que essas coisas deem certo. Pois, meu caro Stockmann, pode-se dizer que você sabe preparar as coisas. E agora vou andando.

Dr. Stockmann – Não, caro sogro, fique mais um pouco.

Morten Kiil – Não, eu me vou. E cuidem bem dessa farsa. Os diabos me levem se você não tirar proveito dela. (*A Sra. Stockmann acompanha o pai até a porta.*)

Dr. Stockmann (*Rindo.*) – Imagine que o velho não acredita numa só palavra do assunto das águas. Acha que eu estou brincando.

Hovstad – Era, então, disso que ele...?

Dr. Stockmann – Sim, era disso que falávamos. E é também por isso que veio aqui?

Hovstad – Sim, sim. O senhor me dá uns minutos, doutor?

Dr. Stockmann – Quantos quiser, meu amigo.

Hovstad – Já teve notícias do prefeito?

Dr. Stockmann – Ainda não. Ele deve vir aqui mais tarde.

Hovstad – Desde ontem eu tenho pensado muito no assunto.

Dr. Stockmann – E?

Hovstad – E daí...? Bem... O senhor, como médico e cientista, só vê essa questão das águas sob o ponto de vista científico e médico. Mas o senhor já pensou nas graves consequências que isso pode trazer a nossa cidade?

Dr. Stockmann – Ah! Que quer dizer...? Vejamos, meu caro, sentemo-mos. Não, ali, no sofá. (*Hovstad senta-se no sofá. O doutor se acomoda na poltrona do outro lado da mesa.*) Vamos. Continue.

Hovstad – O senhor ontem nos afirmou que essa água estragada provinha de imundícies que existem no subsolo, não é mesmo?

Dr. Stockmann – Sim, seguramente. Isso vem lá daquele pântano empestado pelos curtumes do Vale dos Moinhos.

Hovstad – Pois bem, doutor, vai me desculpar, mas não é essa a minha opinião. A infecção vem de outro lugar. Conheço outro pântano.

Dr. Stockmann – Outro pântano? Onde?

Hovstad – Falo do pântano onde está apodrecendo toda a nossa cidade.

Dr. Stockmann – Vejamos, meu caro Senhor Hovstad, o que quer dizer com isso?

Hovstad – Todos os negócios da cidade passaram, pouco a pouco, para as mãos de um bando de políticos, altos funcionários do governo.

Dr. Stockmann – Oh! Não são somente políticos e funcionários públicos.

Hovstad – Mas dá no mesmo, pois quem não é funcionário público ou político é amigo ou partidário de funcionário. São esses ricos, que ostentam nomes tradicionais, os mesmos que nos governam.

Dr. Stockmann – Sim, mas há, entre eles, pessoas de valor, gente competente.

Hovstad – Gente competente. A prova disso é que puseram as canalizações no lugar errado...

Dr. Stockmann – Sim, concordo que aí cometeram um grave erro. Mas ainda podemos remediar o mal...

Hovstad – E o senhor acha que isso vai ser fácil?

Dr. Stockmann – Bem ou mal, fácil ou não, tem de ser feito.

Hovstad – Sobretudo se a imprensa se ocupar do caso.

Dr. Stockmann – Estou certo de que meu irmão...

Hovstad – Queira desculpar-me, doutor, mas pretendo fazer uma grande cobertura desse assunto.

Dr. Stockmann – No seu jornal?

Hovstad – Sim. Quando tomei a direção da *Voz do Povo* foi com a ideia de acabar com essa camarilha de velhos aproveitadores que dominam o poder!

Dr. Stockmann – É verdade, mas o senhor mesmo me disse aonde isso o levou. O jornal quase faliu.

Hovstad – Tivemos que calar-nos e transigir, não há dúvida. Sem esses senhores seria impossível fazer a Estação Balneária. Mas hoje ela se acha em franco progresso, não dependemos mais desses ricos e poderosos cavalheiros.

Dr. Stockmann – Certo, não dependemos mais deles. Mas isso não quer dizer que não sejamos gratos a eles.

Hovstad – Vamos expressar nossa gratidão com todas as honras que lhes são devidas. Mas um jornalista com tendências democráticas, como eu, não pode deixar escapar esta grande oportunidade. É preciso acabar com a velha lenda da infalibilidade dos homens que nos dirigem. Como qualquer outra superstição, esta deve ser destruída.

Dr. Stockmann – Neste ponto, estou de acordo com o senhor.

Hovstad – Eu gostaria de poupar o prefeito, por ser ele seu irmão. Mas o senhor há de convir que a verdade deve vir antes de tudo...

Dr. Stockmann – Claro. No entanto...

Hovstad – Não quero que me julgue mal. Não sou, nem mais egoísta nem mais ambicioso do que a maioria das pessoas.

Dr. Stockmann – Mas, caro amigo, quem diz o contrário?

Hovstad – Sou de origem humilde, como o senhor sabe. Isso me permitiu compreender claramente que as camadas populares, as chamadas classes inferiores, devem participar do governo, dirigindo, elas também, os negócios públicos. Nada melhor que isso para desenvolver o sentimento de cidadania e da própria dignidade...

Dr. Stockmann – Evidentemente...

Hovstad – E parece-me que um jornalista não poderia deixar escapar uma oportunidade como essa para trabalhar pela emancipação da massa dos humildes, dos oprimidos. Sei perfeitamente que os poderosos dirão que isso é uma insurreição ou coisa que o valha. Mas, digam o que quiserem, não importa! Tenho a consciência tranquila!

Dr. Stockmann – Perfeito, perfeito, meu caro Sr. Hovstad... (*Batem à porta.*) Entre!

(*O impressor Aslaksen surge na porta. Está vestido de preto, uma roupa modesta, mas correta. Gravata branca, um pouco amarrotada. Traz na mão um chapéu.*)

Aslaksen (*Respeitosamente.*) – Desculpe-me, doutor, se tomo a liberdade...

Dr. Stockmann – Que surpresa! O impressor Aslaksen!

Aslaksen – Sim, doutor, sou eu.

Hovstad (*Levantando-se.*) – Você quer falar comigo, Aslaksen?

Aslaksen – Não, eu não sabia que você estava aqui. É com o doutor mesmo que eu quero falar.

Dr. Stockmann – Em que posso servi-lo?

Aslaksen – É verdade o que me disse o Billing, que o senhor quer fazer uma reforma na canalização das nossas águas?

Dr. Stockmann – Sim, as da Estação Balneária.

Aslaksen – Compreendo. Nesse caso, diante dos fatos que o senhor apresentou, venho dizer-lhe que apoiarei com todas as minhas forças esse projeto.

Hovstad (*Ao doutor.*) – Está vendo?

Dr. Stockmann – Agradeço-lhe a solidariedade, mas...

Aslaksen – É que, vê o senhor, não será talvez demais poder contar conosco, os legítimos representantes da classe média, dos cidadãos comuns. Unidos, formamos uma maioria compacta. E é sempre bom, doutor, ter a maioria ao nosso lado.

Dr. Stockmann – Sem dúvida! Só não entendo por que são necessárias tantas precauções para uma coisa tão simples.

ASLAKSEN – Oh! Sim! Pode-se precisar. Conheço bem as nossas autoridades, creia-me. Os que estão no poder não veem com bons olhos os projetos que beneficiam outras categorias sociais, os gastos que só beneficiarão as pessoas sem trazer lucro imediato a eles. Eis por que, a meu ver, deveríamos fazer uma manifestação.

HOVSTAD – É isso! É isso!

DR. STOCKMANN – Manifestação? A que tipo de manifestação o senhor se refere?

ASLAKSEN – Sugiro uma coisa moderada. O senhor sabe que eu considero a moderação uma das principais virtudes cívicas. Pelo menos é essa a minha opinião.

DR. STOCKMANN – A moderação é fundamental, Sr. Aslaksen, todos sabemos disso.

ASLAKSEN – Muito bem... Quanto a esse assunto da canalização das águas, é da maior importância para nós os cidadãos humildes e trabalhadores da cidade. Não dizem que a Estação Balneária vai ser uma mina de ouro para a cidade? Todos usufruiremos de seus benefícios e em particular nós os pequenos proprietários de imóveis. Por isso, estamos decididos a apoiar a Estação Balneária com todas as nossas forças. Na qualidade de presidente da Associação dos Pequenos Proprietários de Imóveis...

DR. STOCKMANN – E então?

Aslaksen – ...e além disso, como agente da Sociedade da Moderação*. O senhor sabe o trabalho que me dá a causa da moderação?

Dr. Stockmann – Sim, sim, sei disso.

Aslaksen – O senhor sabe, eu conheço muita gente na cidade. E como me consideram um cidadão honrado e respeitador das leis – o senhor mesmo o disse –, chego a ter uma certa influência. Posso mesmo dizer que tenho um certo poder...

Dr. Stockmann – Também sei isso, Sr. Aslaksen.

Aslaksen – Conto-lhe essas coisas para mostrar que seria fácil para mim organizar um manifesto, se fosse preciso.

Dr. Stockmann – Um manifesto, diz o senhor?

Aslaksen – Sim, uma espécie de carta de agradecimento, na qual os habitantes da cidade manifestariam sua gratidão por ter zelado pelos interesses públicos. Não é preciso dizer que ela seria concebida num tom suave para não ofender as autoridades. Nessas condições, não nos poderão censurar, não é verdade?

Hovstad – E se isso não lhes agradasse...

Aslaksen – Não, não, não, Sr. Hovstad. Nada de ataques à autoridade. Nada de oposição àqueles de quem dependemos. Estou farto disso, e aliás, isso

---

* Na Noruega é frequente a formação de sociedades civis desta natureza para combater o alcoolismo, o tabagismo etc. (N.T.)

nunca deu resultado positivo. Mas não há nada de ofensivo no fato de um cidadão exprimir livremente algumas ideias sensatas.

Dr. Stockmann (*Apertando-lhe a mão.*) – Você não imagina, meu caro Sr. Aslaksen, o quanto me alegra encontrar tanto eco entre os meus concidadãos. Sinto-me feliz, muito feliz. Você aceita um cálice de conhaque?

Aslaksen – Não, muito obrigado. Eu jamais tomo esse tipo de bebida.

Dr. Stockmann – Um copo de cerveja, então?

Aslaksen – Obrigado, doutor. Não costumo tomar nada a esta hora do dia. E, agora, preciso ir à cidade conversar com os proprietários e preparar o terreno...

Dr. Stockmann – É muita gentileza sua, Sr. Aslaksen, mas não posso acreditar que sejam necessários tantos preparativos para uma coisa que deveria andar naturalmente, por si só.

Aslaksen – As autoridades se movem com uma certa lentidão. Oh!, não digo isso por censurá-las, mas...

Hovstad – Amanhã tudo estará no nosso jornal, Aslaksen.

Aslaksen – Sim, mas nada de violências, Sr. Hovstad. Aja com prudência, porque do contrário, não conseguirá nada. Acredite, adquiri experiência na escola da vida. Bem, doutor, boa tarde. Sabe agora que pode contar com um bom apoio, porque a classe média é um muro sólido. Doutor, o senhor tem ao seu lado a maioria, a opinião pública. (*Estende-lhe a mão.*) Adeus!

Aslaksen – O sr. vem comigo para a redação, Sr. Hovstad?

Hovstad – Daqui a pouco estarei lá. Tenho ainda o que fazer.

Aslaksen – Está bem, está bem.

(*Cumprimenta e sai. O Dr. Stockmann acompanha-o até a porta.*)

Hovstad (*Para o doutor, quando ele retorna.*) – Então! Que me diz, doutor? Não lhe parece que é tempo de arejar isto aqui um pouco, de sacudir todo este torpor, esta covardia, esta letargia em que está mergulhada a cidade?

Dr. Stockmann – Está se referindo a Aslaksen?

Hovstad – Sim, ele é um dos que chapinham no pântano, apesar de ser muito boa pessoa. Quanto aos outros, são iguaizinhos a ele, sempre nadando entre duas águas, pequenos burgueses medíocres enleados numa rede de compromissos que os impede de dar um único passo decisivo.

Dr. Stockmann – Sim, mas Aslaksen pareceu-me ter boas intenções. O que acha?

Hovstad – Para mim, há coisas mais importantes do que ser um homem bem-intencionado: ser um homem resoluto e senhor de si mesmo.

Dr. Stockmann – O senhor tem toda a razão.

Hovstad – Por isso faço questão de aproveitar esta oportunidade para ver se, finalmente, posso estimular os homens de boa vontade. Precisamos extirpar desta cidade o culto da autoridade. É preciso que o erro imperdoável cometido nesse assunto das águas seja um facho de luz para todos os eleitores.

Dr. Stockmann – Está bem. Se o senhor realmente acredita ser isso de interesse público, faça-o. Mas primeiro deixe eu falar com meu irmão.

Hovstad – Em todo caso escreverei um artigo e, se o prefeito se recusar a apoiar o assunto...

Dr. Stockmann – Ora essa! Como pode admitir...?

Hovstad – Tudo é possível. E nesse caso?

Dr. Stockmann – Nesse caso prometo-lhe... nesse caso pode publicar o que escrevi. De ponta a ponta.

Hovstad – Verdade? Palavra?

Dr. Stockmann (*Alcança o manuscrito.*) – Tome. Leve e leia. Depois o senhor me devolve.

Hovstad – Fique tranquilo. E agora, doutor, adeus.

Dr. Stockmann – Adeus, adeus. O senhor verá, Hovstad, que tudo correrá às mil maravilhas.

Hovstad – Hum... Vamos ver.

(*Cumprimenta e sai pela porta principal.*)

Dr. Stockmann (*Aproximando-se da sala de jantar.*) – Catarina!... Ah! Estás de volta, Petra?

Petra (*Entrando.*) – Sim, acabo de chegar da escola.

Sra. Stockmann (*Entrando.*) – Ele ainda não veio?

Dr. Stockmann – Peter? Não, mas tive uma longa conversa com Hovstad. Ele está entusiasmado com a minha descoberta. Disse que ela tem maior alcance do que eu a princípio julgava. E ele colocou o jornal à minha disposição, caso precisar.

Sra. Stockmann – Achas que vai ser preciso?

Dr. Stockmann – Acho que não. Em todo caso é bom saber que tenho ao meu lado a imprensa liberal e independente. E além disso, recebi a visita do presidente da Associação dos Pequenos Proprietários de Imóveis.

Sra. Stockmann – O que ele queria?

Dr. Stockmann – Veio dar-me apoio. Todos querem apoiar-me, caso eu precise. Sabes, Catarina, o que eu tenho por trás de mim?

Sra. Stockmann – Por trás de ti? Francamente, não, não sei.

Dr. Stockmann – Tenho por trás de mim a maioria dos cidadãos, a opinião pública!

Sra. Stockmann – Ah! Sim? E isso te serve para alguma coisa, Thomas?

Dr. Stockmann – Se serve! (*Caminha de um lado para outro, esfregando as mãos.*) Ah! Meu Deus! Como é bom sentir-se em comunhão com os seus concidadãos!

Petra – E poder fazer o bem, pai!

Dr. Stockmann – Sim, minha filha, e sobretudo quando se trata da minha cidade, da cidade onde nasci.

Sra. Stockmann – Tocaram a campainha.

Dr. Stockmann – Deve ser ele... (*Batem à porta.*) Entre.

Prefeito – Bom dia.

Dr. Stockmann – Bom dia, Peter, seja bem-vindo.

Sra. Stockmann – Bom dia, cunhado. Como vai?

Prefeito – Obrigado, assim, assim. (*Ao doutor.*) Encontrei ontem ao chegar em casa, quando vim do escritório, um relatório que você me mandou, referente às águas do Balneário.

Dr. Stockmann – Leu?

Prefeito – Li.

Dr. Stockmann – E então? O que você diz.?

Prefeito (*Olhando em torno.*) – Hum...

Sra. Stockmann – Vem Petra. (*Entra com Petra no quarto à esquerda.*)

Prefeito (*Depois de uma pausa.*) – Era preciso fazer todas essas investigações nas minhas costas?

Dr. Stockmann – Eu precisava ter a certeza absoluta de que...

Prefeito – E você tem, agora?

Dr. Stockmann – Evidentemente! Você mesmo leu meu relatório.

Prefeito – Você tem a intenção de mandar esse relatório para a direção da Estação Balneária em caráter oficial?

Dr. Stockmann – Claro! É preciso fazer alguma coisa, e depressa.

Prefeito – Como sempre, você utiliza no seu relatório palavras violentas e exageradas. Entre outras coisas, você diz que estamos envenenando os nossos hóspedes...

Dr. Stockmann – Mas é a pura verdade, Peter! Pense um pouco – água envenenada! E, portanto, imprópria para beber e imprópria para o banho! É isso que estamos oferecendo a pobres doentes e veranistas que vêm aqui! Essas pessoas que confiam em nós e nos pagam um bom dinheiro para recuperar a saúde!

Prefeito – E finalmente você chega à brilhante conclusão de que devemos construir um esgoto para as supostas imundícies do Vale dos Moinhos e reinstalar de outro lado todo o sistema de canalização das águas.

Dr. Stockmann – Você conhece outro meio? Eu não.

Prefeito – Hoje pela manhã fiz uma visita ao engenheiro municipal e, como quem não quer nada, falei da hipótese de no futuro fazermos algumas reformas nas canalizações...

Dr. Stockmann – No futuro?

Prefeito – Ele riu, naturalmente, das minhas palavras. Você já imaginou o que poderiam custar essas mudanças? Feito o orçamento, as despesas se elevariam, mais ou menos, a algumas centenas de milhares de coroas.

Dr. Stockmann – Tão caro assim?

Prefeito – E o pior é que o trabalho levaria, pelo menos, dois anos.

Dr. Stockmann – Dois anos? Tanto tempo?

Prefeito – No mínimo. E o que viria a ser da Estação Balneária e da cidade durante esse tempo? Sim, porque seríamos obrigado a fechar o Balneário. Você pensa que alguém viria até aqui sabendo que nossas águas estão contaminadas?

Dr. Stockmann – Mas elas estão, Peter!

Prefeito – E tudo isso justamente no momento em que a nossa Estação Balneária começa a ficar conhecida em todo o país! Já passou pela sua cabeça que as localidades vizinhas também podem fazer as suas estações balneárias? Não acha que, tão logo se divulgue essas barbaridades, elas usarão de todos os recursos para atrair os *nossos* veranistas? Não tenha dúvidas! Nada mais nos restaria fazer senão fechar este estabelecimento que nos custou tão caro. E desse modo você terá arruinado a sua cidade natal.

Dr. Stockmann – Eu... eu terei arruinado...

Prefeito – O futuro desta cidade é a Estação Balneária. Você sabe disso tão bem quanto eu.

Dr. Stockmann – Mas o que você acha que devemos fazer?

Prefeito – O seu relatório não me convenceu de que as condições do balneário estejam tão precárias quanto você diz.

Dr. Stockmann – São muito ruins! E quando chegar o verão, com o calor, serão piores ainda!

Prefeito – Mais uma vez, creio que você exagera. Um bom médico deve saber tomar as providências necessárias e combater os possíveis problemas...

Dr. Stockmann – Como?!

Prefeito – O sistema atual das canalizações do balneário é um fato consumado e deve, portanto, ser aceito como tal. Isso não quer dizer que a direção se recuse a examinar as suas ponderações no seu devido tempo, visando aperfeiçoar o sistema. Desde que isto não importe em gastos acima de suas forças.

Dr. Stockmann – E você julga que eu me associaria a uma farsa dessa natureza?

Prefeito – Uma farsa?

Dr. Stockmann – Sim, isso seria uma farsa, uma fraude, uma mentira, um verdadeiro crime contra o povo, contra a sociedade!

Prefeito – Como acabo de dizer, não me convenci de que o perigo seja assim tão grave.

Dr. Stockmann – Sim Peter; não tenho a menor dúvida de que você está convencido! Meu relatório é claro e concludente; sei muito bem o que estou afirmando. E você, por sua vez, entende muito bem, Peter. Sei que você sabe que é verdade! Mas não quer aceitar. Já que graças a você os prédios e canalizações estão onde estão. Você não quer reconhecer que errou, eu já entendi tudo.

Prefeito – E se fosse isso? Se eu me preocupo com a minha reputação, é no interesse da comunidade. Sem autoridade moral, eu não poderia dirigir os negócios públicos da forma que me parece mais proveitosa para a comunidade. É por isso, entre outros motivos, que eu não quero que o seu relatório seja apresentado à direção. É o interesse público que está em jogo!

Mais tarde, eu colocarei essa questão na ordem do dia e faremos o que pudermos. Mas em silêncio! Nada, absolutamente nada dessa desgraçada questão deve ser divulgado!

Dr. Stockmann – Isso, meu caro Peter, não é mais possível.

Prefeito – É preciso impedi-lo, a qualquer preço.

Dr. Stockmann – Agora é tarde. Muita gente já sabe.

Prefeito – Quem? Espero que pelo menos não seja essa gente da *Voz do Povo*?

Dr. Stockmann – Eles, inclusive. A imprensa liberal e independente tudo fará para pressioná-los a cumprir o seu dever.

Prefeito (*Depois de uma pausa.*) – Realmente, Thomas, você é um imprudente. Não lhe ocorreu que tudo isso pode trazer graves consequências para você?

Dr. Stockmann – Para mim?

Prefeito – Sim, para você e sua família!

Dr. Stockmann – Que você quer dizer com isso?

Prefeito – Sempre agi como um bom irmão, não é?

Dr. Stockmann – E eu sou muito grato por isso.

Prefeito – Não quero agradecimentos. Até certo ponto agi no meu próprio interesse. Sempre acreditei que melhorando sua situação econômica teria alguma influência sobre você.

Dr. Stockmann – Como? Como?... Então foi somente por interesse pessoal...

Prefeito – Até certo ponto, sim. É lamentável para um funcionário de Estado que um homem que lhe é tão chegado esteja sempre se comprometendo.

Dr. Stockmann – E você pensa que eu me comprometo?

Prefeito – Sim, desgraçadamente! E você nem percebe isso! Você tem um gênio irriquieto, rebelde, eu diria, até, subversivo. Além disso, você tem a obsessão de escrever sobre tudo!... Qualquer coisa que passa pela sua cabeça você transforma em artigo de jornal, ou até mesmo em panfleto, se for o caso!

Dr. Stockmann – Não é dever de todo bom cidadão, logo que lhe vêm ideias novas, comunicá-las ao povo?

Prefeito – Ora! O povo não precisa de ideias novas. O povo precisa é das boas e velhas ideias!

Dr. Stockmann – E você diz isso sem nenhum constrangimento?

Prefeito – Sim, Thomas! Finalmente chegou o momento de falar-lhe com toda a franqueza. Como eu conheço o seu caráter irascível, nunca me atrevi a ser franco e direto com você. Mas agora devo lhe dizer a verdade, toda a verdade! Você não calcula o mal que causa a si mesmo com seu gênio impetuoso. Você está sempre se queixando das autoridades, do governo, chegando mesmo a insultar a todos. Você só sabe se lamentar, dizer que foi posto à margem, perseguido... O que você esperava, afinal, depois de tudo o que tem feito?

Dr. Stockmann – Bom, quer dizer que tenho um gênio impetuoso...

Prefeito – Sim, Thomas, você é um homem difícil de se aguentar. Já comprovei isso. Não tem consideração por coisa alguma. Parece esquecer que é a mim que você deve o posto de médico do Balneário.

Dr. Stockmann – Você sabe que eu era o homem certo para este posto! Mesmo porque, eu nem tinha concorrente! Fui o primeiro a ver que nossa cidade podia tornar-se uma bela estação balneária. E no começo, só eu acreditava nisso! Lutei por esta ideia durante anos. Escrevi artigos e mais artigos...

Prefeito – Eu não nego isso. Não havia, porém, chegado o momento. Você não podia, a milhares de quilômetros de distância, onde você morava, saber se era oportuno ou não. Quando chegou o momento certo, pusemos mãos à obra, eu... e os outros.

Dr. Stockmann – Sim, e estragaram meu belo projeto. Bem se vê que homens competentes são vocês!

Prefeito – Pelo que vejo você está novamente querendo descarregar a sua agressividade. Rebelar-se contra os seus superiores. É costume antigo seu. Você não pode suportar nenhuma autoridade superior. Você olha com aversão todos os que estão acima. E logo você o encara como um inimigo pessoal – e passa a atacá-lo com todas as armas possíveis. Mas, agora, você está a par dos interesses que estão em jogo. São interesses da cidade, e, por consequência, um assunto pessoal para mim. Por isso o previno, meu caro Thomas, de que serei inflexível no que exijo de você.

Dr. Stockmann – E o que você quer de mim?

Prefeito – Como é que você sai espalhando por aí algo tão grave e que só interessa à direção da Estação Balneária? Você é um irresponsável, e a esta altura do jogo já não se pode mais abafar isso. Vão circular todos os tipos de boatos. Só nos resta uma coisa! É indispensável que você faça um desmentido público!

Dr. Stockmann – Desmentido? Não estou entendendo.

Prefeito – Você pode dizer que, depois de conhecer o resultado de novas análises, chegou à conclusão de que o caso não é tão grave como havia julgado.

Dr. Stockmann – É isso que você espera de mim?

Prefeito – Esperamos também que declare publicamente sua confiança na direção da Estação Balneária e que você tem a convicção de que farão tudo o que for preciso para que desapareçam todos os vestígios de contaminação das águas.

Dr. Stockmann – Mas para fazer isso são necessárias ações objetivas e claras. E eu não vejo vontade política de meter a mão profundamente nessa podridão. Pelo menos é o que concluo pelo que você me disse.

Prefeito – Como empregado da Estação Balneária, você não tem direito a uma opinião individual e solitária.

Dr. Stockmann – Não tenho o direito de...?

Prefeito – Como empregado, disse eu. Como cidadão, você pode pensar o que quiser. Como funcionário da Estação Balneária, você não tem o direito de externar uma opinião que não esteja de acordo com a dos seus superiores.

Dr. Stockmann – Mas isso já é demais! Eu, médico, homem de ciência, não tenho o direito de...!

Prefeito – Não se trata aqui de uma questão puramente científica, mas de uma questão ao mesmo tempo técnica e econômica.

Dr. Stockmann – Chame do jeito que você quiser. Pouco me importa! Mas quero lhe dizer que me considero absolutamente livre para ter qualquer opinião sobre todas as questões do mundo!

Prefeito – Como você quiser. Mas não no que diz respeito ao nosso Balneário. Isso, nós lhe proibimos.

Dr. Stockmann (*Aos berros.*) – Vocês me proíbem...! Vocês! Um bando de...

Prefeito – Eu sou seu chefe e lhe proíbo. E quando proíbo uma coisa, você nada mais tem a fazer do que obedecer.

Dr. Stockmann (*Contido.*) – Escuta, Peter... se você não fosse meu irmão...

Petra (*Abrindo a porta abruptamente.*) – Pai, você não deve tolerar isso.

Sra. Stockmann (*Atrás dela.*) – Petra, Petra!

Prefeito – Parece que estavam escutando atrás da porta.

Sra. Stockmann – Vocês falavam tão alto que não se podia evitar de...

Petra – Sim, eu estava escutando.

Prefeito – Bom. É melhor assim...

Dr. Stockmann (*Aproximando-se do prefeito.*) – Você me falou de proibir e obedecer.

Prefeito – Você me obrigou usar este tom.

Dr. Stockmann – E exige que eu me desminta publicamente?

Prefeito – Nós achamos indispensável que você faça o que pedi.

Dr. Stockmann – E se eu me recusar a obedecer?

Prefeito – Nesse caso, nós mesmos publicaremos

uma declaração com o objetivo de tranquilizar o público.

Dr. Stockmann – Está muito bem. Mas eu, então, escreverei contra vocês. Sustentarei o que disse. Provarei que tenho razão e que vocês estão errados. O que vocês vão fazer?

Prefeito – Aí, então, não poderei evitar que você seja demitido.

Dr. Stockmann – O quê?...

Petra – O pai... demitido?

Sra. Stockmann – Demitido!

Prefeito – Sim, demitido do posto de médico da Estação Balneária e afastado de toda participação nos negócios do Balneário.

Dr. Stockmann – Vocês fariam isso?

Prefeito – Você está se metendo num jogo perigoso.

Petra – Meu tio, isso é uma forma revoltante de tratar um homem como meu pai!

Sra. Stockmann – Petra, cala a boca!

Prefeito (*Olhando Petra.*) – Olha só! A filha já começa também a ter opiniões subversivas. Claro! Não podia deixar de ser assim. (*Para a Sra. Stockmann.*) Cunhada, você, que parece ser a pessoa mais sensata da casa, devia usar de sua influência sobre seu marido e fazer-lhe compreender as consequências que tudo isso pode trazer a ele e à sua família.

Dr. Stockmann – Ninguém tem nada a ver com a minha família.

Prefeito – ...À sua família, repito, e também à sua cidade.

Dr. Stockmann – Quem se preocupa com o bem-estar da cidade sou eu! Vou denunciar todos os erros que vocês cometeram e que cedo ou tarde todo mundo vai saber! E aí veremos quem realmente ama esta cidade!

Prefeito – Você ama a cidade? O homem que quer destruir sua principal fonte de riqueza?

Dr. Stockmann – Mas, Peter, essas fontes estão envenenadas! Nós vivemos de um comércio de imundícies e de veneno! Esta riqueza tão promissora está baseada numa mentira!

Prefeito – Tudo isso são loucuras. O homem que emite tão odiosas insinuações contra a sua própria cidade não pode ser senão um inimigo da comunidade.

Dr. Stockmann (*Indo na direção do prefeito.*) – Você se atreve!

Sra. Stockmann (*Colocando-se entre os dois.*) – Thomas!

Petra (*Segurando o pai.*) – Calma, papai!

Prefeito – Não vou me expor à ira de um homem descontrolado e violento. Você está avisado. Pense em você e na sua família. Adeus. (*Sai.*)

Dr. Stockmann (*Caminhando de um lado para outro.*) – Tenho de tolerar essas ofensas na minha própria casa! O que você diz, Catarina?

Sra. Stockmann – É um absurdo, Thomas, uma vergonha!

Petra – Ah! Eu só queria botar as mãos nesse sujeito!

Dr. Stockmann – Tudo isso é por culpa minha. Eu deveria ter reagido aos desmandos dessa gente há muito tempo. E ele tem a petulância de me chamar de inimigo na nossa comunidade, logo eu! Não, não! Isso não vai ficar assim!

Sra. Stockmann – Mas, meu querido Thomas, teu irmão tem poder na cidade, você nada pode fazer.

Dr. Stockmann – Sim, mas tenho a verdade ao meu lado.

Sra. Stockmann – Oh! A verdade... De que serve ela se você não tem o poder?

Petra – Mãe! Como você pode falar assim?

Dr. Stockmann – Quer dizer que, num estado livre, não adianta nada ter a verdade ao seu lado? E além disso, estão comigo a imprensa liberal e a maioria dos cidadãos. Isso sim é que é poder, ou então não entendo mais nada.

Sra. Stockmann – Meu Deus, Thomas, você não está pensando...

Dr. Stockmann – ...Em quê?

Sra. Stockmann – ...em abrir uma guerra contra teu próprio irmão?

Dr. Stockmann – E o que você quer que eu faça? Só me resta combater pela justiça e pela verdade!

Petra – Isso mesmo, mamãe, o que você quer que ele faça?

Sra. Stockmann – Mas isso não adianta nada. Se eles não querem fazer as reformas que você recomendou, você não pode obrigá-los.

Dr. Stockmann – Você verá, Catarina, espere e verá como consigo.

Sra. Stockmann – Isso tudo só servirá para que você seja demitido.

Dr. Stockmann – Pois bem. Pelo menos terei cumprido meu dever para com a população, para com a sociedade, eu, a quem chamam de "inimigo do povo"!

Sra. Stockmann – E sua família, Thomas? E nós? É seu dever também ir contra os seus?

Petra – Oh, mãe! Não pense somente em nós.

Sra. Stockmann – Para você é fácil falar, Petra. Você é jovem, em último caso você pode se manter. Mas e as crianças, Thomas, e nós?

Dr. Stockmann – Ora essa! Você perdeu a razão, Catarina? Admitindo que eu fosse bastante covarde para cair de joelhos aos pés de Peter e de sua corja, você acha que depois disso eu poderia ter um momento de felicidade, durante a minha vida?

Sra. Stockmann – Não sei. Mas que Deus nos livre da infelicidade que nos espera se você continuar a desafiá-los. Ficaremos outra vez sem dinheiro, sem futuro. De minha parte, confesso que acho que já passamos privações demais nesta vida. Lembre-se disso, Thomas. Lembre-se do que isso representa.

Dr. Stockmann (*Cerrando os punhos.*) – E eis a situação a que esses burocratas podem reduzir um homem de bem! Não é horrível, Catarina?

Sra. Stockmann – Sim, eles estão se portando muito mal contigo, é verdade. Mas, santo Deus! Há tanta injustiça neste mundo! É preciso ceder, Thomas. Lembre-se dos meninos. Que será deles? Não, não, você não seria capaz...

(*Eilif e Morten entram com livros embaixo do braço.*)

Dr. Stockmann – Os meninos! (*Recupera a energia.*) Não, ainda que o mundo desabasse, eu não me curvaria a esses canalhas! (*Vai para o quarto.*)

Sra. Stockmann (*Seguindo-o.*) – Thomas! O que você vai fazer?

Dr. Stockmann (*Na porta.*) – Quero ter o direito de olhar meus filhos de frente e de cabeça erguida, quando eles forem homens. (*Entra no quarto.*).

Sra. Stockmann (*Começa a chorar.*) – Ah! Que Deus nos proteja!

Petra – Papai é um homem! Ele não vai se entregar.

(*Os meninos, espantados, perguntam o que está acontecendo. Petra faz-lhes um sinal para que se calem.*)

Pano

Terceiro Ato

Redação da Voz do Povo. *No fundo, à esquerda, a porta de entrada; à direita, uma porta envidraçada pela qual se vê a impressora. Do lado direito, uma outra porta. No centro, uma mesa grande cheia de papéis, jornais e livros. Na lateral esquerda, uma janela, e sob ela uma escrivaninha com uma cadeira alta. Há duas poltronas junto à mesa e várias cadeiras dispersas. A redação é desarrumada e sombria – a mobília, gasta e envelhecida. Alguns tipógrafos trabalham na impressora. As máquinas funcionam. O diretor Hovstad escreve na sua mesa. Billing surge na cena com o manuscrito do Dr. Stockmann nas mãos.*

Billing – Sim, senhor! Esta é quente!

Hovstad (*Escrevendo.*) – Você leu tudo?

Billing (*Põe o manuscrito na mesa.*) – De ponta a ponta.

Hovstad – Você não acha que o doutor bateu forte demais?

Billing – Mais do que isso. É um artigo arrasador. Cada palavra cai como um golpe de machado.

Hovstad – Sim, mas essa gente não se derruba no primeiro golpe...

Billing – É verdade. Por isso será preciso dar golpe sobre golpe, até que toda essa oligarquia se esboroe para sempre. Enquanto eu lia o manuscrito, eu sentia a revolução em marcha.

Hovstad (*Virando-se.*) – Cuidado... Não diga essas coisas na frente do Aslaksen.

Billing (*Abaixando a voz.*) – Aslaksen é um frouxo. Falta-lhe coragem. Mas, desta vez, você vai impor sua vontade, não? O artigo sairá?

Hovstad – A não ser que o prefeito ceda.

Billing – Seria uma pena! Uma grande pena.

Hovstad – Felizmente, de qualquer modo poderemos tirar partido da situação. Se o prefeito rejeitar o projeto do doutor, deverá contar com a oposição da nossa classe média, da Associação dos Pequenos Proprietários de Imóveis e do resto. E se ele cede, ficará mal com os acionistas mais fortes da Estação Balneária, justamente aqueles que mais o apoiam.

Billing – Sim, claro, pois terão que desembolsar muito dinheiro.

Hovstad – Ah! Sim! Sem dúvida. Isso acabará por terminar com a Associação. O jornal dedicará grandes espaços para mostrar a incapacidade administrativa do prefeito e finalmente pressionaremos para que entregue todos os postos de confiança ao nosso partido, aos liberais.

Billing – Estou vendo tudo! Estamos à beira de uma revolução!

(*Batem à porta.*)

Hovstad – Psit! (*Em voz alta.*) Entre!

(*Dr. Stockmann entra pela porta do fundo, à esquerda. Hovstad vai ao seu encontro.*)

Hovstad (*Dirigindo-se a ele.*) – Ah! É o doutor. E então?

Dr. Stockmann – Pode publicar tudo, Sr. Hovstad!

Hovstad – Esta é a decisão?

Billing – Maravilha!

Dr. Stockmann – Pode publicar, já lhe disse. Eles vão ter o que desejam. Teremos guerra, Sr. Billing.

Billing – Uma guerra sem quartel, doutor. Vamos pôr-lhes a faca na garganta.

Dr. Stockmann – O relatório é apenas o começo. Já tenho material para quatro ou cinco novos artigos. Onde anda o Aslaksen?

Billing (*Grita em direção à tipografia.*) – Aslaksen! Venha cá um momento!

Hovstad – Quatro a cinco novos artigos? Sobre o mesmo assunto?

Dr. Stockmann – Ao contrário, meu amigo. São questões bem diferentes. Mas tudo relacionado com os encanamentos, a poluição e a contaminação das águas. Uma coisa está ligada na outra. É como um castelo de cartas. É só tocar em uma que todo o resto desaba...

BILLING – Que Deus me castigue, se não é verdade. Não se pode descansar antes de derrubar tudo!

ASLAKSEN (*Da tipografia.*) – Derrubar tudo? Mas, doutor, o senhor não está pensando em pôr abaixo a Estação Balneária, não é?

HOVSTAD – De modo nenhum. Muito pelo contrário!

DR. STOCKMANN – Não, não, falávamos de outra coisa. Então, que me diz do meu artigo, Sr. Hovstad?

HOVSTAD – Acho que é, simplesmente, uma obra-prima.

DR. STOCKMANN – Verdade? Que bom que o senhor gostou!

HOVSTAD – Está muito preciso e informativo... Não é necessário ser do ramo para compreendê-lo. Tenho certeza de que o senhor terá ao seu lado todas as pessoas esclarecidas.

ASLAKSEN – E todas as pessoas sensatas, não é?

BILLING – Sensatas ou insensatas – toda a cidade estará com o senhor.

ASLAKSEN – Neste caso, então, acho que poderemos imprimir o artigo.

Hovstad – Ele sairá amanhã.

Dr. Stockmann – Claro que sim. Não há tempo a perder. Ouça, Sr. Aslaksen, eu gostaria que o senhor mesmo se encarregasse do manuscrito.

Aslaksen – Deixe-o por minha conta.

Dr. Stockmann – Cuide-o como de um tesouro. Nada de erros! Cada palavra tem sua importância. Voltarei mais tarde para revisá-lo. Estou ansioso para vê-lo impresso e na rua.

Billing – Sim, na rua... como uma bomba.

Dr. Stockmann – Submetida ao julgamento de todos os cidadãos. Se vocês soubessem o que passei hoje! Fui ameaçado. Tentaram tirar-me os mais elementares direitos como homem.

Billing – Como? O que diz o senhor?

Dr. Stockmann – Quiseram aviltar-me, transformar-me em um covarde. Me pressionaram a negar tudo aquilo em que eu mais acredito.

Billing – Mas isso é demais!

Hovstad – Oh! Dessa gente pode-se esperar tudo.

Dr. Stockmann – Mas comigo vai ser diferente. Eles verão ao ler o meu artigo. De agora em diante vou ancorar na *Voz do Povo* e destas trincheiras mandaremos petardos certeiros!

Aslaksen – Epa! Ouça-me...

Billing – Hurra! Vamos lutar, vamos lutar.

Dr. Stockmann – Vamos derrubá-los! Destruí-los aos olhos de toda a gente honrada.

Aslaksen – Sim, doutor, mas com moderação.

Billing – Não, doutor! Não poupe a dinamite!

Dr. Stockmann (*Sem se deixar perturbar.*) – ...Agora não se trata só de encanamentos e de esgotos, compreendem? É toda a sociedade que é preciso limpar, desinfetar.

Billing – O senhor fala como um libertador!

Dr. Stockmann – É preciso varrer todos esses pobres homens e ideias conservadoras. É preciso varrê-los de todos os lugares! O futuro apresenta perspectivas maravilhosas. Não sei exatamente o que, mas sinto muito claramente e vejo que só os jovens poderão realizar o sonho de uma vida melhor. Eles devem portar as nossas bandeiras e devem ser os novos comandantes.

Billing – Muito bem! Ouçam, ouçam!

Dr. Stockmann – Basta que nos conservemos unidos e tudo ocorrerá como planejamos. Lançaremos a nova ordem das coisas como se fosse um navio que se lançasse ao mar. Não acham?

Hovstad – A meu ver, acho que colocaremos a cidade em novas e boas mãos.

Aslaksen – Desde que atuemos com moderação, não correremos nenhum risco.

Dr. Stockmann – Com ou sem risco, o que eu faço, faço em nome da verdade, e obedeço somente a minha consciência.

Hovstad – O senhor merece o nosso apoio, doutor.

Aslaksen – Sim, sem dúvida. O doutor é o melhor amigo de nossa cidade. É um verdadeiro amigo da sociedade.

Billing – Aslaksen! O Dr. Stockmann é um verdadeiro amigo do povo!

Aslaksen – Espero que a Associação dos Pequenos Proprietários de Imóveis em breve lhe conceda este título.

Dr. Stockmann (*Emocionado, aperta-lhes as mãos.*) – Obrigado, obrigado, meus caros, meus fiéis amigos. É muito bom ouvir estas palavras! O meu irmão me tratou de modo bem diferente. Mas ele vai pagar tudo com juros! Agora preciso ir visitar um pobre doente que está precisando dos meus cuidados... Mas eu voltarei. Cuide bem do manuscrito, Sr. Aslaksen. E, por nada deste mundo suprima um único ponto de exclamação; se possível, acrescente-lhe dois ou três! Até a vista, meus amigos, até a vista!

(*O doutor é acompanhado até a porta.*)

Hovstad – Este homem pode nos ser muito útil.

Aslaksen – Sim, enquanto ele se limitar ao assunto das águas. Mas se quiser ir além, não será prudente segui-lo.

Hovstad – Ora, isso depende...

Billing – Você, às vezes, é cauteloso demais, Aslaksen.

Aslaksen – Cauteloso? Sim, quando se trata da nossa política caseira e seus figurões, eu sou cauteloso, Sr. Billing. E vou dizer-lhe por que: é que a experiência me ensinou muita coisa. Mas se estivesse eu metido na grande política, na política nacional, vocês iam ver como eu não tenho medo de nada!

Billing – Mas isso é uma contradição, Sr. Alasksen.

Aslaksen – Antes de tudo eu sou um moderado. Atacando o governo, não se prejudica ninguém. Essa gente, fique sabendo, pouco se preocupa com os ataques e as acusações. Não é possível desalojá-los dos seus cargos. Já as nossas autoridades locais, é fácil derrubá-las e substituí-las inadvertidamente por agitadores. E isso constituiria um mal irreparável para os pequenos proprietários e para todos.

Hovstad – Mas e a educação cívica, a consciência dos cidadãos, isso não é importante?

Aslaksen – Quando um homem tem bens, o importante é protegê-los, e não meter-se em questões políticas, Sr. Hovstad.

Hovstad – Que Deus me livre, nesse caso, de ter bens a zelar!

Billing – Claro, claro!

Aslaksen (*Sorrindo.*) – Hum! (*Apontando com o dedo a escrivaninha:*) Antes de você, ocupava esta mesa o Sr. Stensgaard, que depois chegou a um alto cargo na Prefeitura....

Billing (*Cuspindo.*) – Aquele oportunista!

Hovstad – Mas eu não sou uma maria vai com as outras e jamais o serei.

Aslaksen – Um político nunca deve dizer: desta água não beberei, Sr. Hovstad. E o senhor, Sr. Billing, procure conter-se; todo mundo sabe que quer ser secretário na Prefeitura!

Billing – Eu?!...

Hovstad – É verdade, Billing?

Billing – Sim... é... É verdade. Vocês devem compreender: é só para irritar os nossos poderosos...

Aslaksen – Vejam só! Quando me acusam de ser medroso e contraditório, faço questão de afirmar o seguinte: o impressor Aslaksen tem um passado político totalmente transparente. Todos podem investigá-lo. Minhas ideias não mudaram, apenas fiquei mais moderado. Meu coração está sempre com o povo, desde a classe média até os humildes, mas não nego que a minha razão pende um pouco para a gente do governo... refiro-me, bem-entendido, às nossas autoridades locais. (*Sai.*)

Billing – Por que não nos livramos dele, Hovstad?

Hovstad –Você conhece alguém disposto a nos adiantar o papel e os gastos da impressora?

Billing – É... É uma pena não termos o capital necessário!

Hovstad (*Sentando-se.*) – Ah, se tivéssemos dinheiro...

Billing – E se falássemos com o Dr. Stockmann?

Hovstad (*Folheando papéis.*) – O doutor? Não adiantaria, ele não tem nada.

Billing – Sim, mas por trás dele há um homem sólido, o velho Morten Kiil, o *Leitão*, como é chamado.

Hovstad – Você tem certeza de que ele tem dinheiro?

Billing – Absoluta! E grande parte da fortuna tocará, inevitavelmente, à família Stockmann.

Hovstad (*Virando-se.*) – Você conta com isso?

Billing – Contar? De modo nenhum, não conto com coisa alguma.

Hovstad – Faz bem. E também não conte com esse posto na Prefeitura. Garanto que você não o terá.

Billing – Eu sei disso. E meu objetivo é precisamente *não* contar com ele. Isso pode ser bom, porque assim eu fico com raiva e estimulado a lutar contra eles. E neste fim de mundo os estimulantes são raros...

Hovstad (*Escrevendo.*) – Pois é! Pois é!

Billing – Você ainda ouvirá falar de mim! Mas agora tenho que redigir o apelo à Associação dos Pequenos Proprietários de Imóveis. (*Entra na porta à direita.*)

Hovstad – Hum... isso mesmo, é isso mesmo... (*Batem à porta.*) Entre!

(*Petra entra pela porta do fundo, à esquerda.*)

Hovstad (*Erguendo-se, animado.*) – Ora! A senhorita aqui!

Petra – Sim, desculpe-me...

Hovstad (*Oferecendo-lhe uma poltrona.*) – Não quer sentar-se?

Petra – Obrigada, a demora é pouca.

Hovstad – Algum recado de seu pai...?

Petra – Não, venho por conta própria. (*Tira um livro do bolso do capote.*) Vim devolver-lhe aquela novela inglesa.

Hovstad – Por que está devolvendo?

Petra – Porque não me agrada traduzi-la.

Hovstad – Mas tinha prometido...

Petra – Sim, é verdade, mas eu não havia lido, e suponho que o senhor também não a leu.

Hovstad – Bem sabe que eu não compreendo o inglês. Mas...

Petra – Sei. Por isso vim aconselhá-lo a desistir da publicação. (*Coloca o livro sobre a mesa.*) Isto não serve para a *Voz do Povo*.

Hovstad – Por quê?

Petra – Porque é contrário às suas ideias.

Hovstad – Sim, mas...

Petra – Veja se me entende. Esta novela tenta demonstrar que há na terra um poder sobrenatural que protege e recompensa aqueles a quem chama de bons, enquanto que os maus são castigados.

Hovstad – Sim! Mas é uma tese notável! Bem ao gosto do povo!

Petra – Mas mesmo o senhor não acredita numa só palavra de tudo isso. Sabe que, na realidade, as coisas não são assim.

Hovstad – Tem toda a razão, senhorita. Mas um redator de jornal nem sempre pode fazer o que quer.

Quando são coisas de menor importância deve inclinar-se ante a opinião pública. Já a política é o que há de mais importante no mundo – pelo menos para um jornal. Se quero ter o povo comigo e conduzi-lo à liberdade e ao progresso, devo agir com habilidade. Se eles encontrarem no jornal um conto moralista como esse, mais tranquilamente eles aceitarão as ideias políticas que publicaremos ao seu lado.

Petra – O senhor seria capaz de utilizar esses truques para conquistar seus leitores? O senhor parece é uma aranha à espreita da presa!

Hovstad (*Sorrindo, amargamente.*) – Muito obrigado pelo bom conceito que tem de mim. Mas estas são ideias de Billing, e não minhas.

Petra – Ideias de Billing?

Hovstad – Certamente. Ou pelo menos era o que ele estava pregando um dia destes. Por isso, era Billing que fazia tanta questão de publicar essa novela. Como sabe, eu não li o livro!

Petra – Mas Billing, com as suas opiniões tão liberais...

Hovstad – Ora! Billing é um ser complexo. Por exemplo: dizem que ele anda pleiteando o cargo de secretário na Prefeitura.

Petra – Não posso acreditar nisso, Hovstad. Como ele poderia sujeitar-se às exigências de um cargo desses!

Hovstad – Isso só perguntando a ele.

Petra – Não consigo imaginar tal coisa por parte de Billing.

Hovstad (*Observando-a fixamente.*) – Verdade? Isso a surpreende tanto assim?

Petra – Sim... Talvez... pensando bem, nem tanto...

Hovstad – Nós, jornalistas, senhorita, não valemos grande coisa.

Petra – O senhor acredita realmente no que está dizendo?

Hovstad – Às vezes acredito.

Petra – Enquanto se trata apenas de polêmicas sem importância, eu reconheço que pode-se mudar de ideia. Mas hoje que o senhor defende uma grande causa...

Hovstad – A de seu pai?

Petra – Sim. Isso não faz com que o senhor se sinta um pouco superior ao comum dos homens?

Hovstad – Sim, hoje estou me sentindo um pouco assim.

Petra – Eu considero a missão que o senhor escolheu grandiosa: abrir as portas para a verdade e o progresso, defendendo corajosamente um gênio incompreendido e humilhado...

Hovstad – Principalmente quando esse homem é... um... um... como direi...

Petra – Quando esse homem é honrado, honesto. É isso que o senhor quer dizer?

Hovstad (*Mais suavemente, insinuante.*) – Quando esse homem é justamente o seu pai, foi o que eu disse.

Petra (*Espantada.*) – Como!

Hovstad – Sim, Petra... Senhorita Petra.

Petra – Mas não é a verdade que o preocupa antes de mais nada? Não é a causa em si? Não é o coração grande e generoso de meu pai?

Hovstad – É isso, sim, é isso... também...

Petra – Basta. O senhor já falou demais, Sr. Hovstad. Perdi a confiança no senhor.

Hovstad – Pode querer-me tanto mal assim, se fiz isso por você, por colocá-la acima de tudo?

Petra – O senhor não foi sincero com meu pai. O senhor deu-lhe a entender que se interessava somente pela verdade e o bem público. O senhor enganou-o e enganou a mim mesma. E isso não lhe perdoarei nunca... nunca.

Hovstad – Por favor senhorita... não devia falar com tanta dureza, sobretudo neste momento...

Petra – Por que neste momento?

Hovstad – Porque agora seu pai precisa de mim.

Petra (*Medindo-o de cima a baixo.*) – Então é dessa espécie de homem que o senhor é? (*Faz uma cara de nojo.*)

Hovstad – Suplico-lhe que esqueça o que eu disse. Não acredite...

Petra – Sei no que devo acreditar. Adeus. (*Aslaksen reaparece com um ar meio misterioso.*)

Aslaksen – Com mil raios, Sr. Hovstad... (*Vendo Petra.*) Ai! ainda mais esta!

Petra – Deixo-lhe o livro: pode dá-lo a outra pessoa. (*Vai para a porta.*)

Hovstad (*Seguindo-a.*) – Mas, senhorita...

Petra – Adeus. (*Sai.*)

Aslaksen – Ouça, Sr. Hovstad!

Hovstad – Que houve?

Aslaksen – O prefeito está na oficina.

Hovstad – O prefeito?

Aslaksen – Sim, quer falar-lhe reservadamente. Entrou pela porta dos fundos, para não ser visto.

Hovstad – O que ele quer? Mande-o entrar... Não, espera. Deixa que eu vou lá.

(*Dirige-se para a oficina. Abre a porta, cumprimenta e convida o prefeito a entrar.*)

Hovstad – Cuida, Aslaksen, para que ninguém nos interrompa...

Aslaksen – Entendido. (*Volta para a oficina.*)

Prefeito – Não esperava me ver aqui, Sr. Hovstad?

Hovstad – Confesso que não.

Prefeito (*Olhando em torno.*) – Está bem-instalado. Isto aqui é agradável, discreto...

Hovstad – Discreto?

Prefeito – O senhor me perdoe por não ter lhe avisado antes da minha visita...

Hovstad – Ora, Sr. Prefeito... Estou às ordens. (*Pega o boné e a bengala do prefeito e coloca em cima de uma cadeira.*) Queira sentar-se, Sr. Prefeito.

Prefeito (*Sentando-se junto à mesa.*) – O dia, na verdade, foi bem-aborrecido para mim, Sr. Hovstad.

Hovstad – Eu imagino, Sr. Prefeito. O senhor está sobrecarregado de trabalho e...

Prefeito – O aborrecimento a que me refiro me foi causado pelo médico do Balneário.

Hovstad – Pelo doutor?

Prefeito – Sim. Ele apresentou à Administração das termas uma espécie de relatório onde diz que há vários problemas na Estação Balneária.

Hovstad – É mesmo?

Prefeito – Ele então não lhe falou nada?... Eu julguei, pelo que ele me disse...

Hovstad – Ah! Sim!... É verdade, ele falou qualquer coisa...

Aslaksen (*Vindo da oficina.*) – Eu precisaria do manuscrito...

Hovstad (*Contrariado.*) – Está em cima da escrivaninha!

Aslaksen (*Pegando o manuscrito.*) – Ah! Sim!

Prefeito – Mas veja, era justamente disso que eu estava falando...

Aslaksen – Sim, é o artigo do doutor, Sr. Prefeito.

Hovstad – Ah! Era então a isso que o senhor queria se referir?

Prefeito – Sim, era exatamente a isso. Que acha o senhor?

Hovstad – Não sou competente na matéria. Li-o apenas por alto.

Prefeito – E mesmo assim vai publicá-lo?

Hovstad – Não posso recusar isso a um homem como...

Aslaksen – Sr. Prefeito, não tenho voz ativa na redação, o senhor sabe.

Prefeito – Naturalmente.

Aslaksen – Limito-me apenas a imprimir o que me entregam.

Prefeito – Claro, é sua obrigação.

Aslaksen – Com licença... (*Dirige-se para a oficina.*)

Prefeito – Espere um pouco, Sr. Aslaksen. Me permite, Sr. Hovstad?

Hovstad – Como não, Sr. Prefeito!? O senhor está em sua casa.

Prefeito – O senhor é um homem sensato, Sr. Aslaksen...

Aslaksen – Alegro-me em ouvir isso, Sr. Prefeito.

Prefeito – E tem certa influência...

Aslaksen – Sobre os pequenos contribuintes, nada mais.

Prefeito – Os pequenos contribuintes, a classe média, aqui como em toda parte, são os mais numerosos, os que decidem.

Aslaksen – É verdade.

Prefeito – O senhor saberia dizer qual é a opinião da classe média? O senhor deve conhecê-la bem.

Aslaksen – Creio que sim, Sr. Prefeito.

Prefeito – Nesse caso, uma vez que há tanto espírito de sacrifício entre os cidadãos de menos fortuna de nossa cidade...

Aslaksen – Como assim?

Hovstad – Espírito de sacrifício?

Prefeito – Uma prova de solidariedade que eu, sinceramente não esperava. E, além disso, o senhor conhece muito melhor do que eu a maneira de pensar dessa gente.

Aslaksen – Mas, Sr. Prefeito...

Prefeito – E não serão pequenos os sacrifícios que a cidade vai ter de suportar.

Hovstad – A cidade?

Aslaksen – Mas não compreendo... E o balneário...

Prefeito – Segundo um orçamento provisório, as modificações exigidas pelo médico das águas vão a duzentas mil coroas, pouco mais ou menos.

Aslaksen – É muito dinheiro, mas...

Prefeito – Teremos, naturalmente, de recorrer a um empréstimo comunal.

Hovstad (*Erguendo-se com vivacidade.*) – Sim, mas não há de ser a cidade que...

Aslaksen – Tirar o dinheiro dos cofres municipais? Do magro bolso dos pequenos?

Prefeito – Mas, meu caro Sr. Aslaksen, de onde quer que tiremos o dinheiro?

Aslaksen – Isso é um problema dos acionistas da Estação.

Prefeito – Os acionistas não estão em condições de desembolsar mais do que já o fizeram. Se for decidido levar em frente o plano de reformas proposto pelo doutor, quem deverá pagar é a cidade.

Aslaksen – Tem certeza de tudo isso, Sr. Prefeito?

Prefeito – Já verifiquei. Se fizerem todos esses gastos, a cidade é que terá de suportá-los.

Aslaksen – Humm...Aos poucos estamos vendo que as coisas tomam um rumo bem diferente...

Hovstad – É... De fato.

Prefeito – E o pior é que a Estação Balneária ficará fechada durante pelo menos uns dois anos.

Hovstad – Fechada? O senhor disse fechada?

Aslaksen – Durante dois anos?

Prefeito – Sim, no mínimo. É o tempo que durarão os trabalhos de reforma e reparo.

Aslaksen – Não poderemos aguentar isso, Sr. Prefeito! E de que viveremos durante esse tempo, nós os proprietários?

Prefeito – Infelizmente, Sr. Aslaksen, não sei o que lhes responder. Mas o que quer que eu faça? Os senhores acreditam que, depois de tudo, virá alguém procurar nossa Estação e nossas águas? Depois de propagandearmos que nossas águas estão poluídas, que vivemos num terreno podre, que toda a cidade está...?

Aslaksen – Será que tudo isso não passa de uma simples fantasia do doutor?

Prefeito – Eu acredito que sim.

Aslaksen – Neste caso, o Dr. Stockmann cometeu um erro realmente indesculpável... Perdoe-me, Sr. Prefeito, mas...

Prefeito – É verdade, você não diz mais do que uma triste verdade, Sr. Aslaksen. Meu irmão sempre foi um desmiolado.

Aslaksen – E o senhor quer apoiá-lo num assunto destes, Sr. Hovstad?

Hovstad – Mas, também, quem poderia esperar...

Prefeito – Eu redigi uma breve exposição sobre o caso, analisando de um ponto de vista imparcial – que, aliás, é o único ponto de vista aceitável. Neste texto eu indico, inclusive, as obras que são possíveis realizar sem ultrapassar os recursos de que os cofres da Estação Balneária dispõem.

Hovstad – Tem aí o artigo, Sr. Prefeito?

Prefeito (*Procurando no bolso.*) – Sim, casualmente está comigo...

Aslaksen (*Excitado.*) – Virgem Santa, aí vem ele!

Prefeito – Meu irmão? Onde, onde? Onde ele está?

Aslaksen – Ele entrou pela oficina.

Prefeito – Eu preferia não encontrá-lo aqui. E eu ainda preciso falar várias coisas com vocês...

Hovstad (*Indicando a porta da direita.*) – Entre aí e espere um pouco.

Prefeito – Mas...?

Hovstad – Só o Billing está aí.

Aslaksen – Depressa, depressa, Senhor Prefeito. Ele vem vindo!

Prefeito – Está bem. Mas vejam se ele não fica muito tempo. (*Sai pela porta da direita. Aslaksen a fecha rapidamente.*)

Hovstad – Aslaksen, finja que está trabalhando. (*Aslaksen disfarça, mexendo em papéis, como se estivesse procurando algo.*).

Dr. Stockmann (*Vindo da oficina.*) – Estou de volta!

Hovstad (*Escrevendo.*) – Já está de volta, doutor? Apresse-se, Aslaksen. O assunto é urgente e não temos tempo a perder.

Dr. Stockmann (*Para Aslaksen.*) – Ainda não tem provas prontas para que eu revise?

Aslaksen (*Sem se virar.*) – Não foi possível ainda, doutor.

Dr. Stockmann – Está bem. Vocês compreendem a minha impaciência. Só vou descansar quando vir o texto impresso.

Hovstad (*Pigarreando.*) – É possível que demore muito tempo ainda, não é, Aslaksen?

Aslaksen – É. É possível.

Dr. Stockmann – Está bem, está bem, meus amigos. Voltarei daqui a pouco. Voltarei duas, três vezes se for preciso. Uma causa tão grande! Não se pode ficar parado quando o que está em jogo é a salvação da cidade! (*Está saindo quando se detém subitamente e volta atrás.*) Esperem! Tenho ainda algo a dizer-lhes.

Hovstad – Desculpe, doutor, mas não podia deixar isso para...

Dr. Stockmann – Duas palavras, apenas. É o seguinte: amanhã, quando lerem o artigo, todos verão que passei todo o inverno trabalhando em silêncio pelo bem da cidade...

Hovstad – Mas, doutor...

Dr. Stockmann – Sei o que vai dizer. Que nada mais fiz do que a minha obrigação de cidadão. Ora essa, sei disso tão bem quanto o senhor. Porém, meus concidadãos, que sempre me dispensaram um tratamento tão generoso...

Aslaksen – Sim, doutor, até este momento, na cidade, todos gostavam muito do senhor...

Dr. Stockmann – Estou preocupado porque, quando os jovens lerem este artigo, vão concluir que estou sugerindo colocar em suas mãos a direção da cidade. E podem, inclusive, tentar organizar algumas manifestações. O que eu quero deixar claro é que me oponho terminantemente a manifestações de apoio, abaixo-assinados, passeatas ou qualquer tipo de agitação social. Prometam-me que tudo farão para levar a cabo pacificamente este lamentável episódio. Mesmo porque, não quero glórias pessoais...

Hovstad (*Erguendo-se.*) – Um momento, doutor, será melhor que saiba da verdade o quanto antes...

(*Pela porta da esquerda entra Catarina.*)

Sra. Stockmann (*Ao ver o doutor.*) – Tinha certeza de que o encontraria aqui!

Hovstad (*Para ela.*) – Bem! E aqui está agora a Sra. Stockmann!

Dr. Stockmann – Que diabo vens fazer aqui, Catarina?

Sra. Stockmann – Bem podes imaginar o que venho fazer.

Hovstad – Quer sentar-se?

Sra. Stockmann – Obrigada. Não se incomodem... E não me levem a mal se venho buscar Stockmann. Não devem esquecer que sou mãe de três filhos!

Dr. Stockmann – Está bem, está bem. Já sabemos disso.

Sra. Stockmann – E apesar de tudo você foi capaz de esquecer deles e de mim. Você está preparando a nossa desgraça!

Dr. Stockmann – O que é isso? Está louca, Catarina? Porque um homem tem mulher e filhos não tem mais direito de proclamar a verdade, o direito de agir como bom cidadão, o direito de servir a cidade onde vive?

Sra. Stockmann – Para tudo há limites, Thomas.

Aslaksen – É o que eu digo. Moderação, comedimento.

Sra. Stockmann – Sr. Hovstad, quero que saiba que está nos causando um mal gravíssimo, arrastando o meu marido para as lutas políticas, tirando-o da família.

Hovstad – Mas eu não estou arrastando ninguém...

Dr. Stockmann – Arrastar-me! Acha então que eu me deixo arrastar?

Sra. Stockmann – Certamente que sim! Sei perfeitamente que você é o homem mais inteligente da cidade, mas, por outro lado, Thomas, é o que se deixa enganar com mais facilidade... (*A Hovstad.*) O senhor sabe que ele será demitido se este artigo for publicado?

Aslaksen – Que está dizendo?

Hovstad – Francamente, doutor...

Dr. Stockmann (*Rindo.*) – Ha, ha, ha! Que experimentem! Pode ficar tranquila, Catarina, porque eu tenho a meu favor a opinião pública.

Sra. Stockmann – É deplorável, Thomas, é deplorável.

Dr. Stockmann – Está bem, Catarina, volta para casa, cuida dos teus afazeres e deixe-me tratar dos problemas. Como pode ter medo quando me vê tão confiante e alegre? (*Anda de um lado para outro, esfregando as mãos.*) Ora! Fica certa de que a verdade e o povo ganharão a batalha. Oh! Já vejo todos os liberais cerrando fileiras e marchando para a vitória! (*Para diante de uma cadeira.*) Mas... mas o que é isto?

Aslaksen (*Olhando.*) – Oh! É que...

Hovstad (*Igualmente.*) – Hum...

Dr. Stockmann – Vejam só, temos aqui um emblema da autoridade. (*Segura com precaução o boné do prefeito e ergue-o delicadamente entre o polegar e o indicador.*)

Sra. Stockmann – O boné do prefeito!

Dr. Stockmann – E eis aqui a bengala. Com todos os diabos, o que significa isto?

Hovstad – Bem, não há outro remédio...

Dr. Stockmann – Ah! Compreendo, ele veio suborná-los! Ha, ha, ha! Mas é claro que inutilmente! E, ao ver-me chegar... (*Desata a rir.*) Escapuliu-se, Sr. Aslaksen?

Aslaksen (*Com vivacidade.*) – Pois é, doutor, escapuliu-se.

Dr. Stockmann – Escapuliu-se deixando a bengala e... Que bobagem! Peter não é de fugir. Mas o que fizeram dele, afinal? Ah. Já sei, deve estar aí dentro. (*Dr. Stockmann põe na cabeça o boné do prefeito, segura a bengala e aproxima-se da porta pela qual desapareceu o Prefeito e a abre.*)

(*Entra o Prefeito, muito irritado, seguido por Billing.*)

Prefeito – O que significa esta farsa?

Dr. Stockmann – Você deve me respeitar, meu caro Peter. Agora sou eu a autoridade. (*Caminha de um lado para outro.*)

Sra. Stockmann (*Prestes a chorar.*) – Que é isso, Thomas!

Prefeito (*Seguindo-o.*) – Devolva o meu boné e a minha bengala!

Dr. Stockmann (*Sem mudar de tom.*) – Se você é o delegado de polícia, eu sou o prefeito da cidade, a autoridade máxima!

Prefeito – Tire o boné, já disse. Você vai se complicar! Não se esqueça de que é um boné oficial, protegido pelos regulamentos.

Dr. Stockmann – Se você é o chefe de polícia, eu sou o chefe da cidade, entende? Você veio lutar contra mim às escondidas. Mas não conseguirá nada! Amanhã faremos a revolução, você já percebeu isso. Você queria despedir-me, mas sou eu quem vai lhe demitir. Vai ter que abandonar todos os cargos de confiança. Você que dizia que eu era incapaz de tomar uma decisão! Pois verá agora! Verá! Tenho ao meu lado todas as forças populares. Portanto somos invencíveis! Hovstad e Billing farão da *Voz do*

Povo a nossa voz, e o impressor Aslaksen marchará à frente da Associação dos Pequenos Proprietários de Imóveis.

Aslaksen – Mas doutor, eu...

Dr. Stockmann – Fará, sim, fará.

Prefeito – Sr. Hovstad, o senhor é capaz de ficar ao lado dos agitadores?

Hovstad – Não, Sr. Prefeito.

Aslaksen – Não, o Sr. Hovstad não é tão louco para arruinar-se e arruinar o seu próprio jornal só por causa de uma fantasia...

Dr. Stockmann (*Assombrado.*) – O que você quer dizer com isso?

Hovstad – O senhor apresentou a questão de maneira falsa, doutor, e nestas condições eu não posso defendê-lo.

Billing – Nem eu, depois que o Sr. Prefeito teve a gentileza de me dar amplas explicações sobre o problema, ali na sala ao lado...

Dr. Stockmann – É tudo mentira, intriga! Deixem-me falar. Só quero que publiquem meu artigo e eu vou mostrar como se defende uma ideia quando se tem a convicção de que se está certo.

Hovstad – Impossível. Não o publicarei. Não posso, não quero... e não me atrevo a publicá-lo.

Dr. Stockmann – Não se atreve? Que conversa é essa? Não é o senhor o diretor? Não é o senhor que manda no jornal?

Aslaksen – Não, senhor doutor, são os assinantes.

Prefeito – Felizmente.

Aslaksen – É a opinião pública, doutor. As pessoas esclarecidas, os proprietários de casas, a classe média e os demais proprietários, são eles que dirigem os jornais.

Dr. Stockmann (*Perplexo.*) – E todos estão contra mim?

Aslaksen – Sim, senhor. Se seu artigo fosse publicado seria uma verdadeira ruína para a nosso povo.

Dr. Stockmann – Não posso acreditar.

Prefeito – Meu boné e minha bengala!

(Dr. Stockmann coloca o boné e a bengala em cima da mesa. Peter recolhe com vigor.)

Prefeito – Não durou muito a sua autoridade...

Dr. Stockmann – Não, não está tudo acabado. (*A Hovstad.*) Então, decididamente, o senhor não vai publicar meu artigo na *Voz do Povo*?

Hovstad – Isso me é completamente impossível, quando mais não fosse em consideração a sua família.

Sra. Stockmann – Oh! Sr. Hovstad, não se preocupe com a nossa família.

Prefeito (*Tirando do bolso um papel.*) – Bastará para esclarecer à população a publicação desta nota oficial. Este sim é um artigo de verdade. Quer publicá-lo?

Hovstad (*Tomando o papel.*) – Será publicado. Obrigado, Sr. Prefeito.

Dr. Stockmann – E o meu artigo, não? Acreditam que podem me calar, afogar a verdade? Não é tão fácil como pensam. Sr. Aslaksen, por favor, pegue o meu manuscrito e mande imediatamente imprimi-lo. Eu vou pagar. Faça uma tiragem de quatrocentos... não, quinhentos exemplares.

Aslaksen – Nem por todo o ouro do mundo permitirei que minhas máquinas imprimam seu artigo, Sr. Doutor. Não podemos ir contra a opinião pública. Em toda a cidade o senhor não achará quem o imprima.

Dr. Stockmann – Então devolva-o.

Hovstad (*Entregando-lhe o manuscrito.*) – Aqui está.

Dr. Stockmann (*Agarrando o chapéu.*) – É fundamental que o povo conheça as minhas opiniões. Vou convocar uma grande assembleia popular. E preciso que todos os meus concidadãos ouçam a voz da verdade.

Prefeito – Nenhuma sociedade vai ceder o local.

Aslaksen – Nenhuma, tenho certeza!

Sra. Stockmann – É uma vergonha! Mas por que estão todos contra você, Thomas?

Dr. Stockmann (*Furioso.*) – Eu vou dizer por que: é porque nesta cidade não há homens; há somente pessoas que, como você, só pensam nas suas famílias e nem um pouco na comunidade.

Sra. Stockmann (*Pegando-o pelo braço.*) – Nesse caso, eu vou lhes mostrar que uma... uma pobre mulher pode, às vezes, valer tanto ou mais do que vale um homem. Agora, Thomas, estou contigo!

Dr. Stockmann – Bravo! Catarina! É muito importante que as pessoas conheçam o meu relatório. Nem que eu tenha que percorrer a cidade com um tambor e lendo em todas as esquinas.

Prefeito – Você não é louco a esse ponto!

Dr. Stockmann – Você vai ver como sou!

Aslaksen – O senhor não achará em toda a cidade um único homem que o acompanhe.

Sra. Stockmann – Não se entregue, Thomas! Tanto Morten como Eilif lhe seguirão.

Dr. Stockmann – E mais você e Petra!

Sra. Stockmann – Não, não, eu não. Mas ficarei na janela para vê-los passar e olharei. Prometo-lhe.

Dr. Stockmann (*Abraça-a e beija-a.*) – Obrigado, Catarina! Senhores, começou a batalha. Ah! Vamos ver se os covardes conseguirão fechar a boca de um patriota que luta pelo bem comum!

(*Sai com a mulher.*)

Prefeito (*Abanando a cabeça com preocupação.*) – Ela acabou sendo também contagiada pela loucura.

Pano

Quarto Ato

Uma sala grande, em estilo antigo. Casa do Capitão Horster. No fundo, uma porta de duas abas que se comunica com o vestíbulo. Três janelas na parede da esquerda. À direita, um estrado sobre o qual está colocada uma pequena mesa. Sobre esta, um jarro de água, um copo, dois castiçais, um vaso e um relógio. A sala está iluminada por dois candelabros dispostos entre as janelas. No primeiro plano, à esquerda, uma mesa com velas e uma cadeira. À direita, uma porta, junto à qual estão colocadas cadeiras.

Grande assembleia, na qual estão representados todos os segmentos da sociedade local. Algumas mulheres e colegiais, perdidos entre a multidão. As pessoas vão chegando aos poucos pela porta do fundo, até encherem a sala.

Primeiro cidadão (*A um outro, no qual tropeçou ao entrar.*) – Então, também vieste, Lamstad.

Segundo cidadão – Eu compareço a todas as audiências públicas.

Um vizinho – Não se esqueceu de trazer um apito, não?

Terceiro cidadão – Evidente que eu trouxe. O marinheiro Evensen disse que ia trazer uma enorme trombeta...

Segundo cidadão – É um palhaço, esse Evensen.

(*Todos riem.*)

Quarto cidadão (*Aproximando-se deles.*) – O que vai acontecer esta noite?

Segundo cidadão – Ainda não sabe? O Dr. Stockmann vai fazer uma conferência contra o prefeito.

Recém-chegado – Mas é o irmão dele!

Primeiro cidadão – Isso não importa. O Dr. Stockmann não tem medo de nada.

Terceiro cidadão – Mas ele não tem razão. A *Voz do Povo* já o disse.

Segundo cidadão – Acho que, de fato, desta vez ele está errado, tanto assim que não lhe cederam nem a sede dos Pequenos Proprietários de Imóveis nem a do Círculo dos Cidadãos.

Primeiro cidadão – Tampouco conseguiu o salão da Estação Balneária.

Segundo cidadão – É verdade.

Homem (*Em outro grupo.*) – Diga-me: de que lado devemos estar, nesta história toda?

Outro homem (*No mesmo grupo.*) – Observem sempre o impressor Aslaksen e façam o que ele fizer.

Billing (*Com uma pasta embaixo do braço, abrindo caminho.*) – Desculpem-me, senhores. Com licença. Sou da *Voz do Povo*. Muito obrigado! (*Senta-se à mesa, à esquerda.*)

Um operário – Quem é esse sujeito?

Outro operário – Não conhece? É um tal de Billing, que trabalha no jornal de Aslaksen.

(O Cap. Horster entra pela porta do primeiro plano da direita acompanhando o Dr. Stockmann, Petra e os filhos Morten e Eilif.)

Horster – Aqui vocês ficam bem. Se houver qualquer problema, podem sair com facilidade.

Sra. Stockmann – Acha que poderá acontecer qualquer coisa?

Horster – Nunca se pode prever... Tem tanta gente... Mas, por favor, sente-se e fique tranquila.

Sra. Stockmann – O senhor foi amável em ceder este espaço a Stockmann.

Horster – Já que todos recusaram, eu...

Petra (*Que também se sentou.*) – Isso demonstra coragem, Horster.

Horster – Oh! Para isso não é preciso coragem.

(*Hovstad e Aslaksen chegam no meio do público por lados diferentes.*)

Aslaksen (*Para Horster.*) – O doutor ainda não chegou?

Horster – Está esperando na sala ao lado. (*Movimentos diante da porta do fundo.*)

Hovstad (*A Billing.*) – Veja! Vem chegando o prefeito!

Billing – Que Deus me castigue! O homem tem coragem para comparecer.

(*O Prefeito Stockmann entra vagarosamente, abrindo caminho na aglomeração, cumprimenta gentilmente os presentes. Logo depois, pela porta da direita, entra o Dr. Stockmann, de casaca preta e gravata branca. Poucos aplausos. Silêncio.*)

Dr. Stockmann (*Sussurra.*) – Tudo bem contigo, Catarina?

Sra. Stockmann (*Comovida.*) – Tudo bem, tudo bem. (*Baixa a voz.*) Por favor, Thomas, não se exalte.

Dr. Stockmann – Fique tranquila! Sei me controlar. (*Consulta o relógio, sobe ao estrado e faz uma saudação com a cabeça.*) Já passou da hora, quinze minutos, vou começar. (*Pega o manuscrito.*)

Aslaksen – Acho que deveríamos começar elegendo um presidente.

Dr. Stockmann – Não! Não precisa!

Alguns senhores – Sim, sim! Vamos eleger um presidente!

Prefeito – Sou também de opinião que se escolha alguém para dirigir os debates.

Dr. Stockmann – Ora vamos, Peter! Isto aqui é uma conferência e fui eu quem convidou as pessoas.

Prefeito – Mas uma conferência sobre esse assunto pode gerar polêmica...

Numerosas vozes – Um presidente! Um presidente!

Hovstad – A vontade geral dos cidadãos parece exigir um presidente.

Dr. Stockmann (*Contendo-se.*) – Está bem. Satisfaça-se a vontade geral dos cidadãos! Que façam o que quiserem.

Aslaksen – O Sr. Prefeito aceitaria este encargo?

Três senhores (*Aplaudindo.*) – Muito bem! Apoiado!

Prefeito – Por vários motivos, fáceis de compreender, sou abrigado a recusar este convite. Porém, felizmente, temos entre nós o homem ideal para dirigir esta assembleia. Estou falando do presidente da Associação dos Pequenos Proprietários de Imóveis, o Sr. impressor Aslaksen.

Numerosas vozes – Sim, sim, viva Aslaksen! Hurra por Aslaksen!

Dr. Stockmann (*Toma do manuscrito e desce do estrado.*)

Aslaksen – Chamado pela confiança dos meus concidadãos, aceito esta importante tarefa. (*Aclamado, sobe ao estrado.*)

Billing (*Escrevendo.*) – "O Sr. impressor Aslaksen... designado presidente... aclamado pela multidão..."

Aslaksen – Na qualidade de presidente desta assembleia, gostaria de dirigir-lhes rapidamente algumas palavras. Sou um homem tranquilo e pacífico, que preza a moderação refletida e... e a reflexão moderada. Todos os que me conhecem podem confirmar isto.

Numerosas vozes – Sim, sim, certamente, Aslaksen.

Aslaksen – Aprendi na escola da vida e da experiência, que a moderação e a reflexão são as maiores virtudes de um cidadão...

Prefeito – Ouçam.

Aslaksen – ...e que é isto que convém à sociedade. Devo pois induzir o honrado cidadão que convocou esta reunião a que se esforce em manter-se nos limites da moderação.

Um homem (*Perto da porta.*) – Viva a moderação!

Numerosas vozes – Silêncio!

Aslaksen – Senhores! Nada de interrupções! Alguém quer usar a palavra?

Prefeito – Sr. Presidente!

Aslaksen – Tem a palavra o Sr. Prefeito Stockmann.

Prefeito – Devido ao parentesco que – como todos sabem – me liga ao médico da Estação Balneária, eu preferiria não fazer uso da palavra esta noite. Porém, para o bem da Estação Balneária e para o bem da cidade que eu dirijo, considero que é meu dever fazer a seguinte declaração: a meu juízo, nenhum dos cidadãos aqui presentes deseja que circulem boatos, rumores tendenciosos sobre a situação sanitária da Estação Balneária e da população.

Numerosas vozes – Não, não, não! Nada disso! Protestamos!

Prefeito – Em vista disso, proponho que a assembleia não autorize o médico da Estação Balneária a ler o seu relatório ou emitir sua opinião sobre a questão.

Dr. Stockmann (*Indignado.*) – Proibir de falar...? Você ficou louco?

Prefeito – No jornal *Voz do Povo*, já informei a população sobre os fatos essenciais, de modo que todos os cidadãos responsáveis podem, facilmente, formar uma opinião. Segundo esses dados, pode-se verificar que o relatório do médico – além de constituir um voto de desconfiança contra os que dirigem os interesses da cidade – tende, no fundo, a impor aos contribuintes um gasto inútil de pelo menos alguns milhares de coroas. (*Gritos e assobios.*)

Aslaksen (*Fazendo soar a campainha.*) – Silêncio, senhores. Aprovo a sugestão do prefeito. Creio que o Dr. Stockmann tem segundas intenções quando provoca uma crise por causa da Estação Balneária. Pretende, na realidade, que se promovam mudanças na estrutura do poder em nossa cidade. O que ele quer, na verdade, é fazer uma revolução. Ninguém põe em dúvida a sua honradez. Ocorre que as ideias do Dr. Stockmann, uma vez colocadas em prática, custariam demasiado dinheiro aos cidadãos. Por isso sou contra! (*Aplausos.*)

Hovstad – Eu gostaria também de dar, com toda a sinceridade, o meu depoimento pessoal sobre esta questão. Confesso que num primeiro momento apoiei as ideias revolucionárias do Dr. Stockmann que, aliás contavam com vários partidários. Mas acabamos por nos dar conta de que havíamos sido ludibriados em nossa boa-fé com dados falsos.

Dr. Stockmann – Falsos?!...

Hovstad – Digamos, então, inexatos. Assim demonstrou o artigo que publicamos do Sr. Prefeito. Suponho que ninguém neste plenário duvidará de minhas convicções liberais. Todo mundo sabe que a *Voz do Povo* sempre defendeu as ideias progressistas e democráticas. Porém as pessoas experientes e de bom senso ensinaram-me que, quando se trata de questões puramente municipais, o dever de um jornal é proceder com certa prudência.

Aslaksen – Estou completamente de acordo com o orador.

Hovstad – E é fora de dúvida que no assunto que nos ocupa, o Dr. Stockmann tem contra si a vontade geral. E eu então me pergunto: não é dever do jornalista estar sempre de acordo com a vontade do leitor? Não recebeu ele uma espécie de mandato tácito que o obriga a combater sem tréguas, para o bem daqueles cuja opinião representa? Estarei errado?

Numerosas vozes – Não, não, não! O jornalista Hovstad tem razão!

Hovstad – Francamente, custou-me, e muito, confrontar-me com um homem com quem tive intenso contato nestes últimos tempos. Trata-se de uma pessoa honrada e que, acredito, merece toda a consideração de seus conterrâneos. Mas tem um grande defeito: costuma dar mais ouvidos à emoção do que à razão.

Vozes isoladas – É verdade! Hurra! Viva o Dr. Stockmann!

Hovstad – Mas, se rompi com este homem, o fiz em benefício de todos. E mais; para o meu pesar, há ainda outra razão que me obriga a combatê-lo, a deter-lhe nesta sua equivocada cruzada. É justamente a minha preocupação com a felicidade da sua família.

Dr. Stockmann – Por favor, vamos falar somente na canalização e no esgoto!

Hovstad – ...Penso no futuro de sua esposa e nos seus filhos ainda tão pequenos.

Martin – Está falando de nós, mamãe?

(*A Sra. Stockmann põe o dedo sobre a boca, sinalizando silêncio.*)

Aslaksen – Vamos, ponho em votação a proposta do Sr. Prefeito.

Dr. Stockmann – É inútil! Não pretendo falar hoje de toda essa porcaria que infecta nossas águas. Não! Quero falar sobre outra coisa.

Prefeito (*A meia-voz.*) – Sobre o quê?

Bêbado (*Na porta de entrada.*) – Sou um contribuinte! E por isso tenho também o direito de dizer a minha opinião! E estou plenamente, perfeitamente, incrivelmente convencido que...

Numerosas vozes – Silêncio!

Outras vozes – Está bêbado! Fora com ele! (*Expulsam o bêbado.*)

Dr. Stockmann – Peço a palavra!

Aslaksen (*Tocando a campainha.*) – Tem a palavra o senhor Dr. Stockmann.

Dr. Stockmann – Se há alguns dias atrás alguém tivesse o desplante de tentar me calar, como fazem agora, eu teria me defendido ferozmente. Como um leão eu teria defendido os meus mais sagrados direitos de homem! Hoje, porém, pouco me importa isso! Existem questões mais graves sobre as quais gostaria de falar.

(*A multidão aproxima-se. Entre os ouvintes está Morten Kiil.*)

Dr. Stockmann (*Prosseguindo.*) – Pensei muito nestes últimos dias. Pensei tanto, mas tanto, que quase enlouqueci...

Prefeito (*Tossindo.*) – Hã, hã!...

Dr. Stockmann – Mas finalmente vi as coisas claras na minha alma e pude enxergar tudo com muita lucidez. Eis o motivo pelo qual venho hoje diante dos senhores. Sim, meus caros concidadãos, tenho coisas muito importantes para dizer-lhes. Tenho de revelar-lhes uma descoberta de muito mais alcance do que o envenenamento dos nossos encanamentos de água.

Gritos numerosos – Não se fala na Estação Balneária! Não queremos ouvir falar nisso. Nem uma palavra a respeito!

Dr. Stockmann – Como queiram. Só vou falar-lhes da grande descoberta que fiz nestes últimos dias. Descobri que todas as fontes morais estão envenenadas e que toda a nossa sociedade repousa sobre o solo da mentira.

Vozes perplexas (*Murmúrios de espanto.*) – O que ele está dizendo?

Prefeito – Isto é uma insinuação!...

Aslaksen (*Com a mão na campainha.*) – Convido o orador a se expressar com moderação.

Dr. Stockmann – Amei a minha cidade natal tanto quanto aos meus filhos. Quando tive de deixá-la, eu era apenas um menino; e a distância, a recordação do passado sempre fazia com que minhas lembranças fossem transfiguradas pelo carinho. (*Alguns aplausos e algumas aclamações.*)

Dr. Stockmann – Foi assim que passei muitos anos num lugar ermo, vivendo uma vida melancólica, perdido no extremo norte do planeta, num lugar triste, e cada vez que via a pobre gente que vegetava entre aquelas montanhas desoladas, pensava que teria sido melhor dar àqueles seres selvagens um veterinário e não um médico como eu... (*Murmúrios na sala.*)

Billing (*Largando a caneta.*) – Que Deus me castigue se jamais ouvi coisas parecidas...

Hovstad – O senhor está insultando uma gente honrada!

Dr. Stockmann – Um momento! Apesar de tão distante, ninguém pode dizer que eu perdi o amor e o carinho por minha cidade natal. Muito pelo contrário! Na solidão daquelas planícies geladas e inóspitas, meu pensamento estava constantemente aqui! E foi lá, em longas reflexões, que eu concebi o projeto da Estação Balneária! Eu tinha um desejo ardente, imperioso, irresistível; era o de poder fazer o bem de minha cidade natal e da gente da minha terra.

Prefeito (*Distraidamente.*) – Estranha maneira...

Dr. Stockmann – Foi assim que estive, nesse estado de felicidade cega, até que, ontem – ou melhor –, anteontem, para ser mais preciso, meus olhos, repentinamente, se abriram completamente, e a primeira coisa que vi foi a colossal estupidez das nossas autoridades... (*Ruído, exclamações e risos.*)

Prefeito – Sr. Presidente?

Aslaksen – (*Tocando a campainha.*) – Pelo direito que me confere o posto de presidente, peço que não empregue palavras que...

Dr. Stockmann – É ridículo, Sr. Aslaksen, dar tanta importância às palavras que devo empregar. Tudo que eu queria dizer é que me assusta a enorme irresponsabilidade das pessoas que detêm o poder em nossa comunidade. Eu os detesto. Não os suporto! São como cabras que invadem um jardim recém-plantado. Tudo o que sabem fazer é destruir.

Um homem livre não consegue ir em frente sem se chocar com elas a cada passo. Quisera acabar com este tipo de gente como se faz com animais daninhos. (*Murmúrios e agitação na sala.*)

Prefeito – Sr. Presidente, como o senhor permite estas palavras?

Aslaksen (*Com a mão na campainha.*) – Senhor doutor!...

Dr. Stockmann – Não sei como levei tanto tempo para entender com clareza a alma desses senhores. E olhem que eu convivia, diariamente, aqui mesmo na cidade, com uma perfeita amostra desta espécie, exatamente o meu irmão Peter, este homem preconceituoso, que jamais reconhece os seus erros... (*Risos, ruído e assobiados. A Sra. Stockmann tosse obstinadamente.*)

(*Aslaksen toca a campainha violentamente.*)

Bêbado (*Que voltou.*) – Estão falando comigo? Porque eu também me chamo Peter...

Vozes Furiosas – Rua com o bêbado! Rua! Rua!

(*Põem o bêbado porta afora.*)

Prefeito – Quem é esse homem?

Cidadão – Não sei, Sr. Prefeito, não o conheço.

Segundo cidadão – Não é da cidade.

Terceiro cidadão – Não deve ser daqui... (*O resto perde-se no barulho.*)

Aslaksen – O homem evidentemente bebeu demais. Continue, doutor, mas procure ser mais moderado na sua exposição...

Dr. Stockmann – Muito bem, caros concidadãos. Nada mais direi sobre nossos governantes. Não pretendo criticá-los mais, dizer-lhes mais e mais verdades, não, não mesmo! Quem julgar que estou aqui para desabafar meu inconformismo contra estes senhores está enganado. Estou certo de que todos esses reacionários, todos esses velhos destroços de um mundo que está desaparecendo terão o seu fim natural, cedo ou tarde. Não precisaremos apressar o seu desaparecimento, pois eles acabarão por si mesmos. Não é tampouco essa gente que constitui o perigo mais iminente para a sociedade. Não, não são eles os mais perigosos destruidores das forças progressistas, nem são eles os mais perigosos inimigos da verdade e da liberdade!

Gritos por todos os lados – Quem são? Quem são? Diga!

Dr. Stockmann – Sim, podem ficar descansados, eu direi! Foi esta justamente a grande descoberta que fiz ontem. (*Alteando a voz.*) O inimigo mais perigoso da verdade e da liberdade, entre nós, é a enorme e silenciosa maioria dos meus concidadãos. Esta massa amorfa, é ela! Sim, agora já o sabem.

(*Grande alvoroço.A maioria dos assistentes grita, sapateia, assobia. Ruído formidável na sala. Alguns mais velhos parecem aprovar com olhares divertidos. A Sra. Stockmann ergue-se com ar inquieto. Eilif e Martin dirigem-se ameaçadores para os colegiais que fazem barulho. Aslaksen faz soar a campainha e pede silêncio. Hovstad e Billing falam, ambos, mas não se ouve o que dizem. Momentos depois o silêncio se restabelece.*)

Aslaksen – O presidente exige que o orador retire as expressões impróprias e ditas impensadamente!

Dr. Stockmann – De modo nenhum, Sr. Aslaksen. Não é a grande maioria da nossa população que me priva da liberdade e me impede de dizer a verdade?

Hovstad – A maioria sempre tem razão!

Billing – A maioria sempre tem razão!

Dr. Stockmann – Não! A maioria nunca tem razão! Esta é a maior mentira social que já se disse! Todo o cidadão livre deve protestar contra ela. Quem se constitui na maioria dos habitantes de um país? As pessoas inteligentes ou os imbecis? Estamos todos de acordo, penso eu, em afirmar que, em se considerando o globo terrestre como um todo, os imbecis formam uma maioria esmagadora. E este é um motivo suficiente para que os imbecis mandem nos demais. (*Gritos, berros, protestos.*) Sim, vocês podem gritar mais alto do que eu, mas não podem me responder. A maioria tem o poder, infelizmente! Mas não tem razão! A razão está comigo e do lado de alguns indivíduos isolados. O direito está sempre com as minorias. (*Tumulto total.*)

Hovstad – Desde quando o senhor se converteu em aristocrata, Dr. Stockmann?

Dr. Stockmann – Repito, não me convém perder tempo com esta pobre manada de fôlego curto, que nada tem a ver com o grande movimento da vida. Para eles não é possível o sonho, nem o progresso. Penso no pequeno grupo dos indivíduos que estão sempre na linha de frente, longe da mesmice da maioria, lutando por novas verdades, demasiado novas para que a maioria as compreenda e as admita. Vou dedicar toda a minha energia e a minha vida a contestar a pseudoverdade de que a voz do povo é a voz da razão! Que sentido têm as verdades proclamadas pela massa, massa esta que é manobrada pelos jornais e pelos poderosos? São velhas e caducas. Pode-se dizer que são uma mentira, pois acabarão se tornando uma mentira. (*Ouvem-se protestos, assobios, berros.*) Pouco estou ligando se acreditam ou não em mim!

Hovstad – Então, o senhor se transformou em revolucionário, doutor?

Dr. Stockmann – Pode acreditar, por Deus, que sim, Sr. Hovstad. Proponho-me a fazer uma revolução contra a mentira que diz "que a maioria tem o monopólio da verdade". Quais são, pois, essas verdades em torno das quais os homens comuns gostam de agrupar-se? São verdades tão velhas que já se acham próximas à decomposição. Mas quando uma verdade chega a esse ponto, ela também está em vésperas de se tornar uma mentira. (*Risos e expressões sarcásticas.*) Em geral as verdades não têm, como imaginam, a longevidade de um Matusalém. Uma verdade aceita por todos sobrevive normalmente uns dezessete, dezoito, quando muito vinte anos, raramente mais. São verdades caducas, de uma magreza espantosa. Não têm mais do que pele e ossos. E são justamente essas que a maioria recomenda à sociedade, como sendo um alimento saudável. Ora, posso assegurar-lhes que tais alimentos não têm absolutamente nenhum valor nutritivo. Como médico, devo dizer-lhes. Todas essas verdades universais não podem ser comparadas senão com velhas conservas, com presuntos ressequidos, esverdeados, mofados, daí provém o escorbuto moral que invade a sociedade.

Aslaksen – Parece-me que o honrado orador se afasta consideravelmente do seu assunto.

Prefeito – Estou perfeitamente de acordo com o presidente.

Dr. Stockmann – Ora essa! Peter, estás louco? Estou exatamente no meu assunto! Pois tudo o que quero dizer é que a unanimidade, a massa – enfim, essa satânica e compacta maioria –, é ela, ouçam com atenção, quem envenena as fontes de nossa vida e empesta o solo em que nos movemos.

Hovstad – E tudo isso porque a grande maioria popular liberal tem o bom senso de não se curvar senão ante verdades certas e reconhecidas.

Dr. Stockmann – Por Deus, Sr. Hovstad, não me fale em verdades evidentes, reconhecidas por todos, pela multidão, são essas mesmas verdades que os combatentes de vanguarda tinham como certas no tempo de nossos avós. Nós, os combatentes de vanguarda de hoje, não as aceitamos mais. Não nos servem.

Hovstad – Muito bem, mas em vez de simples divagações, seria interessante ouvi-lo dizer quais são essas míseras verdades nas quais todos nós acreditamos! (*Aprovação de todos os lados.*)

Dr. Stockmann – Eu poderia dizer muitas, se quisesse. Mas basta que diga uma da qual vivem o sr. Hovstad, a *Voz do Povo* e todos os seus leitores.

Hovstad – E qual é?

Dr. Stockmann – É a crença que os senhores herdaram de seus avós e propagam aos quatro ventos. A doutrina segundo a qual a massa, a multidão constitui-se a essência do povo, identifica-se com ele – a doutrina que atribui ao homem vulgar, ao que representa a ignorância e as mazelas sociais, os mesmos direitos de condenar e de aprovar, de reinar e de governar, que aos seres distintos que compõem uma elite intelectual.

Billing – O que você está dizendo?

Hovstad (*Exclamando ao mesmo tempo.*) – Cidadãos, prestem bem atenção no absurdo dessas palavras!

Vozes irritadas – Nós somos o povo! Então só os nobres têm o direito de governar?

Um operário – Vamos pôr no olho da rua este sujeito que diz estes absurdos contra o povo!

Outros – Rua!

Cidadão (*Gritando.*) – A trombeta, Evansen! (*Fortes toques de trombeta, apitos e ruído ensurdecedor.*)

Dr. Stockmann (*Depois do tumulto ter serenado.*) Vejamos senhores! Sejam razoáveis! Será que não poderão ouvir uma verdade, pelo menos uma vez na vida, sem que isso vos enfureça? Não peço que todos concordem com as minhas opiniões. Mas achei que o Sr. Hovstad, pelo menos, que se diz livre-pensador...

Murmúrios de surpresa – Livre-pensador? Como! O jornalista Hovstad é livre-pensador?

Hovstad (*Gritando.*) – Prove-o, Dr. Stockmann! Onde escrevi semelhante coisa?

Dr. Stockmann (*Refletindo.*) – Tem razão, Hovstad, o senhor nunca teve a coragem para escrever isso.

Admitamos que o livre-pensador seja eu. Por isso mesmo, faço questão de estabelecer cientificamente, de modo a que todos fiquem convencidos, que o Sr. Hovstad e a *Voz do Povo,* quando afirmam que representam a maioria, a própria essência do povo, estão se divertindo a sua custa. Isso, fiquem sabendo, nada mais é do que uma mentira de imprensa! Um truque. Manipulam o pensamento da população para terem vantangens. (*Murmúrios, risos, agitação.*) E ademais, não acontece o mesmo em todo o reino animal? Comparem um pouco as espécies raras com as vulgares. Tomem, por exemplo, uma simples galinha de aldeia: o que vale a carne dessa magra ave enfezada? Pouca coisa, não é? E vejam os ovos que ela põe: qualquer pássaro comum põe ovos quase desse tamanho. Por outro lado, considerem uma galinha de raça, ou então uma perua, um nobre faisão, enfim... A diferença salta aos olhos. E com os cachorros, então? Imaginem um desses miseráveis vira-latas que vagabundeiam, pelados, pelas ruas, sujando os muros. E agora ponha-o ao lado de um belo cão de raça, desses que, durante várias gerações, foram criados em casas senhoriais, alimentados com boa comida, com ouvidos acostumados ao som da música e de uma linguagem harmoniosa. São cães de luxo desta qualidade que certos senhores pegam, quando ainda bem novos, a fim de lhes ensinar as mais incríveis habilidades. Jamais um vira-latas será capaz de aprendê-las, embora se ponha de cabeça para baixo e de patas para o ar. (*Ruídos e risos na sala.*)

Um burguês – O senhor agora nos quer transformar em cães?

Um outro – Nós não somos animais, Sr. Doutor.

Dr. Stockmann – Somos, sim, somos animais! É o que todos somos: verdadeiros animais, tão autênticos quanto possível. O que, entretanto, é verdade, é que, entre nós, há poucos animais de raça. Ah! existe uma distância terrível entre o homem "de raça" e o homem "vira-lata". E isso não tem nada a ver com classe social. O mais interessante do caso é que o Sr. Hovstad está perfeitamente de acordo comigo enquanto se trata somente de animais de quatro patas.

Hovstad – Sim, sim, fiquemos por aí.

Dr. Stockmann – Mas assim que eu generalizo o princípio, até aos animais de dois pés, o Sr. Hovstad fica todo arrepiado! Contraria toda a doutrina e proclama, na *Voz do Povo,* que a galinha da aldeia e o cão da rua são os mais belos exemplares do reino animal. Assim acontece sempre, enquanto um homem não tiver eliminado o que nele há de vulgar para atingir a verdadeira distinção espiritual.

Hovstad – Não tenho pretensões a nenhuma distinção social. Descendo de uma simples família de camponeses e me orgulho de ter minhas raízes nesse povo que o senhor insulta violentamente!

Um grupo de operários – Viva Hovstad! Hurra! Hurra!

Dr. Stockmann – Para se encontrar a plebe de que falo não devemos procurar somente nas classes mais baixas. Ela está por tudo, também e principalmente em torno de nós, e ali nas classes sociais privilegiadas, ricas. Não precisamos ir muito longe. Vejam o vosso prefeito, meu próprio irmão Peter, faceiro, rico, ar próspero, mas lhes asseguro: é tão plebeu quanto o mais plebeu dos plebeus. (*Risos e assobios.*)

Prefeito – Protesto contra os ataques pessoais!

Dr. Stockmann (*Imperturbável.*) – ...E, se ele é assim, certamente não o é por descendermos – ele e eu – de ferozes piratas da Pomerânia...

Prefeito – Isso é uma mentira absurda, uma lenda sem sentido!

Dr. Stockmann – ...mas ele é um plebeu na medida em que pensa sempre como pensam os seus superiores, os seus chefes; opina como opina seus superiores. Aqueles que obedecem e pensam somente pelas cabeças dos outros sempre serão plebeus morais! É por isso que meu irmão, apesar da empáfia, está tão longe de ser um homem distinto... ou um liberal.

Prefeito – Sr. Presidente!

Hovstad – Realmente! Então, entre nós, somente os liberais são pessoas distintas? Esta é uma nova tese, doutor. (*Risos.*)

Dr. Stockmann – Sim, essa é, também, uma das minhas descobertas. Somente o pensamento livre, as ideias novas, a capacidade de um pensar diferente do outro, o contraditório, podem contribuir para o progresso material e moral da população. É por isso que, repito, considero imperdoável por parte da *Voz do Povo* afirmar diariamente a falsa doutrina segundo a qual só é a massa, a multidão, a maioria que possuem autoridade para dizer o que é e o que não é liberdade e moral. Esta mesma teoria prega que o conhecimento, a cultura e o progresso são fontes de vício e corrupção, envenenando a sociedade da mesma forma como os curtumes do Vale dos Moinhos despejam imundícies nas nossas águas minerais. (*Barulho e interrupção.*)

Dr. Stockmann (*Gritando e arrebatado por suas ideias.*) – E é essa mesma *Voz do Povo* que proclama que a massa tem direito às melhores condições de vida! Mas, com todos os diabos, se a tese da *Voz do Povo* fosse posta em prática segundo sua orientação editorial, o povo estaria mergulhado no vício e na corrupção! Pois ela prega a ignorância, prega a velha mentira que herdamos de nossos pais de que é a cultura, as ideias novas que fazem mal para a sociedade. O verdadeiro grande mal é a pobreza, são as miseráveis condições de vida que esmagam muitas pessoas. Em última análise: os poderosos, os mesquinhos, os interesseiros, cultivam a ignorância para se manterem no poder e obter lucros e vantagens! Tanto isso é verdade, que todos aqui pensam em construir a prosperidade pública sobre uma base envenenada e pestilenta, sobre uma fraude e uma mentira!

Aslaksen – Você não pode lançar injúrias contra todos os presentes!

Um senhor – Proponho ao Presidente cassar a palavra ao orador.

Vozes irritadas – Sim, sim, é justo! Casse-lhe a palavra!

Dr. Stockmann (*Explodindo.*) – Ninguém pode impedir que eu diga a verdade! Vou procurar os jornais das outras cidades! Todo o país ficará sabendo o que se passa por aqui!

Hovstad – O Dr. Stockmann quer arruinar a nossa cidade.

Dr. Stockmann – Amo tanto a minha cidade que preferiria vê-la aniquilada do que prosperando sobre uma mentira.

Aslaksen – O senhor já está passando dos limites! (*Berros e assobios. A Sra. Stockmann tosse em vão para chamar a atenção do doutor, mas este não a ouve mais.*)

Hovstad (*Berrando mais alto que os outros.*) – A pessoa que ataca desta forma o bem comum é um inimigo do povo!

Dr. Stockmann (*Exaltando-se cada vez mais.*) – E que me importa a destruição de uma comunidade podre, que vive e protege mentiras? É preciso que seja arrasada, ouviram? Todos aqueles que vivem de mentiras devem ser exterminados como ervas daninhas! Vocês acabarão por infectar todo o país! E se todo o país ficar infectado com este nível de corrupção, merecerá ser reduzido ao nada junto com seu povo!

Um homem (*No meio da multidão.*) – O sr. está falando como um verdadeiro inimigo do povo!

Billing – E esta voz que nós ouvimos é a verdadeira voz do povo, Dr. Stockmann!

Toda a assistência (*Clamando.*) – Sim, sim, sim, é um inimigo do povo! Odeia a própria pátria! Odeia o seu povo...

Aslaksen – Como homem e como cidadão, estou profundamente indignado pelo que acabei de ouvir aqui. O Dr. Stockmann me decepciona profundamente com suas palavras irrefletidas. Contra a minha vontade devo solidarizar-me com o sentimento dos nossos honrados concidadãos e propor a esta assembleia que declare o Dr. Thomas Stockmann, médico das termas, como um inimigo do povo.

(*Gritos. Apoio à sugestão. Cidadãos cercam e vaiam o Dr. Stockmann. Assentimento geral. A Sra. Stockmann e Petra levantam-se. Martin e Eilif brigam com outros colegiais que vaiam o pai. Adultos os separam.*)

Dr. Stockmann (*Aos que o vaiam.*) – Estúpidos!...

ASLAKSEN (*Tocando a campainha.*) – Casso a palavra do Dr. Stockmann. Em seguida se procederá à votação. A votação será secreta. Precisamos de papel!

BILLING – Aqui tem papel azul e branco...

ASLAKSEN – Ótimo. Assim irá mais rápido. Corte os papéis em pedacinhos...: assim! (*À assembleia.*) Os papéis azuis significam *não*, os brancos significam *sim.* Eu mesmo recolherei os votos.

(*O Prefeito sai da sala. Aslaksen e outros presentes circulam e recolhem os papéis nos seus chapéus.*)

CIDADÃO (*A Hovstad.*) – Diga-me, o doutor enlouqueceu?

HOVSTAD – É... ele está muito violento.

OUTRO CIDADÃO (*A Billing.*) Você, que frequenta a casa do doutor, reparou se ele anda bebendo?

BILLING – Não sei o que lhe responder. Mas toda a vez que se vai lá, sempre há alguma bebida sobre a mesa.

TERCEIRO CIDADÃO – Eu acho que de vez em quando ele tem acessos de loucura.

PRIMEIRO CIDADÃO – Deve haver casos de loucura hereditária na família.

BILLING – Meu Deus, é bem possível.

Quarto cidadão – Acho que não, ele faz isso por pura maldade: ele está querendo vingar-se de alguma coisa.

Billing – É bem possível. Há poucos dias, ele falava em pedir aumento de salário. Vai ver que recusaram.

Todos os cidadãos (*Unanimemente.*) – Ah, bom! Então está explicado.

Bêbado (*No meio da multidão.*) – Eu quero um papel azul e um branco.

Vários cidadãos (*Aos gritos.*) – Aqui está outra vez o bêbado! Rua com ele!

Morten Kiil (*Encarando o doutor.*) – Está vendo agora, Stockmann, aonde as suas brincadeiras o levam?

Dr. Stockmann – Cumpri com o meu dever.

Morten Kiil – O que você falou dos curtumes do Vale dos Moinhos?

Dr. Stockmann – O senhor ouviu perfeitamente: eu disse que de lá é que vinham todas essas porcarias.

Morten Kiil – Do meu também?

Dr. Stockmann – Infelizmente. E acredito que o seu é o pior de todos.

Morten Kiil – Você pretende publicar isso tudo nos jornais?

Dr. Stockmann – Não sou homem que guarde essas coisas na gaveta.

Morten Kiil – Isso pode lhe custar muito caro, Stockmann. (*Sai.*)

Cidadão gordo (*Aproxima-se de Horster.*) – Então, capitão! O senhor aluga a sua casa para inimigos do povo?

Horster – Meu caro senhor, a casa é minha e eu alugo para quem eu quiser.

Cidadão gordo – Então não se surpreenda se eu fizer o mesmo!

Horster – O que o senhor quer dizer com isso?

Cidadão gordo – Amanhã terá notícias minhas. (*Sai.*)

Petra – Esse não é o dono dos navios, Horster?

Horster – Sim, era o Sr. Vik.

Aslaksen (*Com os votos na mão, sobe no estrado e toca a campainha.*) – Senhores, permitam-me comunicar-lhes o resultado. Só um voto contra.

Um jovem senhor – O voto do bêbado!

Aslaksen – Pela unanimidade dos votos, salvo o de um homem embriagado, a assembleia declara que o Dr. Thomas Stockmann, médico da estação Balneária, é um inimigo do povo. (*Gritos e aplausos.*)

Viva a nossa velha e honrada comunidade! (*Novos gritos de aprovação.*) Viva nosso bravo prefeito que, apesar dos laços de família, combateu as irresponsabilidades do seu irmão! (*Hurra!*) Está encerrada a sessão.

Billing – Viva o presidente!

Toda a multidão – Viva o impressor Aslaksen!

Dr. Stockmann – Petra, alcance o meu chapéu e o sobretudo. Capitão, o senhor tem lugar no seu barco para emigrantes rumo ao Novo Mundo?

Horster – Para o senhor e a sua família sempre haverá lugar, doutor.

Dr. Stockmann (*Petra o ajuda a vestir o sobretudo.*) – Ótimo. Obrigado capitão! Vamos, Catarina! Venham, crianças! (*Sai de braços com a mulher.*)

Sra. Stockmann (*Em voz baixa.*) – Thomas, não é melhor sairmos pela porta dos fundos?

Dr. Stockmann – Nada de porta dos fundos, Catarina. (*Eleva o tom de voz.*) Vocês vão ouvir falar do inimigo do povo! Não sou tão bondoso como aquele que disse: "Perdoai-os senhor, eles não sabem o que fazem..."

Aslaksen (*Aos gritos.*) – Isso é uma blasfêmia, Dr. Stockmann!

Billing – Que Deus me castigue! É duro, para um homem de bem, ouvir uma coisa destas.

Voz – E agora está nos ameaçando!

Gritos excitados – Vamos quebrar-lhe as vidraças!

Homem (*Na multidão.*) – Evensen, toca a corneta! (*Trombeteadas, assobios e berros. O doutor, mulher e filhos dirigem-se para a saída. Horster abre o caminho.*)

Multidão (*Berrando atrás dele.*) – Inimigo do povo! Inimigo do povo! Inimigo do povo!

Billing (*Arrumando os papéis.*) – Que Deus me castigue, se eu for hoje beber ponche em casa do Dr. Stockmann.

(*Todos se precipitam até a saída. Da rua vêm os berros: "Inimigo do povo, inimigo do povo!"*)

Pano

Quinto Ato

Gabinete do Dr. Stockmann. Estantes cheias de livros e aparelhos cirúrgicos. No fundo, uma porta dá para o vestíbulo. No primeiro plano, à esquerda, a porta da sala. À direita, duas janelas cujas vidraças estão com todos os vidros quebrados. No meio da peça, a mesa do doutor, cheia de livros e de papéis. O lugar está em desordem. Manhã. O Dr. Stockmann, em robe de chambre e de chinelos, está curvado e com um guarda-chuva remexe embaixo de um dos armários. Acha uma pedra.

Dr. Stockmann (*Falando da sala.*) – Olha, Catarina, achei outra.

Sra. Stockmann – Pois vai encontrar muitas mais.

Dr. Stockmann (*Coloca a pedra junto com várias outras sobre a mesa.*) – Guardarei estas pedras como se guarda um tesouro. Eilif e Morten poderão olhá-las todos os dias e mais tarde vou deixar como herança. (*Procura embaixo das estantes.*) Será... Como é mesmo o nome da nossa empregada? Será que ainda não foi chamar o vidraceiro?

Sra. Stockmann – Randine é o seu nome. Ela falou com o vidraceiro, mas ele disse que não podia vir hoje...

Dr. Stockmann – Obviamente, ele não terá coragem.

Sra. Stockmann – Foi justamente o que Randine pensou: ele não se atreverá por causa dos vizinhos. (*Falando para o lado.*) Que foi, Randine? Sim, sim. (*Vai à sala e volta em seguida.*) Chegou uma carta para ti, Thomas.

Dr. Stockmann – Deixa ver. (*Abre a carta e lê.*) Ah! muito bem...

Sra. Stockmann – De quem é?

Dr. Stockmann – Do proprietário. Ele está denunciando o contrato.

Sra. Stockmann – Será possível? Ele sempre foi tão educado!...

Dr. Stockmann (*Olhando a carta.*) – Ele não pode agir de outra forma, está dizendo aqui na carta. Lamenta muito etc. etc. tem medo de represálias, não se atreve a enfrentar certos homens influentes...

Sra. Stockmann – Está vendo, Thomas?

Dr. Stockmann – São todos uns covardes. (*Atira a carta em cima da mesa.*) Mas isso pouco importa, Catarina. De qualquer forma partiremos breve para o Novo Mundo, e além disso...

Sra. Stockmann – Mas, Thomas, você acha que devemos ir embora assim?

Dr. Stockmann – Como você quer que eu fique aqui depois de ter sido posto no pelourinho, de ter sido difamado como o inimigo do povo? Ficar aqui depois de ter a minha casa apedrejada? Olhe só, Catarina: olhe o rasgão enorme que fizeram nas minhas calças pretas.

Sra. Stockmann – Mas isso é demais! Suas melhores calças!

Dr. Stockmann – Nunca se deve pôr as melhores roupas quando se vai combater pela liberdade e pela verdade. Mas confesso que pouco me importam as minhas calças: você poderá remendá-las. O que não consigo engolir é esta gentalha me ofendendo, me tratando como a um igual.

Sra. Stockmann – É verdade, Thomas, essa gente da cidade foi muito grosseira com você. Mas isso não é motivo para irmos embora.

Dr. Stockmann – Na verdade, acho que nas outras cidades as pessoas devem ser tão violentas e intolerantes quanto as da nossa cidade. Em toda a parte é a mesma coisa. Mas, afinal, pouco se me dá. Deixemos ladrar os vira-latas. Isso não é o pior: o pior é que, de uma extremidade à outra do país, todos estão atrelados às vontades dos partidos políticos. Na América, é possível que as coisas não sejam melhores. Por lá também existe a chamada opinião pública, a maioria silenciosa. Mas tudo isso se dá em vastas proporções, há a diversidade de opiniões. Matam de uma vez só, e não vagarosamente, sob tortura, como fazem aqui. Pelo menos lá o indivíduo tem o direito a optar pela solidão. (*Caminhando para o fundo da sala.*) Ah! se pelo menos eu soubesse de alguma floresta virgem ou de alguma ilha dos mares do Sul que pudesse comprar a preço razoável!

Sra. Stockmann – Sim, mas... E os nossos meninos, Thomas?

Dr. Stockmann – Catarina, às vezes eu não consigo entender você! Prefere que nossos filhos cresçam numa sociedade como a nossa? Ontem mesmo você pôde constatar que a metade da população desta cidade enlouqueceu. E se a outra metade não perdeu a razão, é porque são animais que não têm nada para perder.

Sra. Stockmann – Está certo, meu querido Thomas, mas convenhamos que você disse coisas muito fortes...

Dr. Stockmann – O está dizendo! Por acaso não é verdade o que eu disse? Eles conseguem distorcer tudo! Misturam justiça e injustiça. Não dizem que é mentira o que eu sei ser uma terrível verdade? E pior! Há loucura maior do que ver esses homens que se consideram respeitáveis, autointitulados liberais, manipulando a opinião das pessoas em benefício próprio? E ao final, Catarina, é como se houvesse um partido único; certo ou errado, todo mundo pensa igual!

Sra. Stockmann – Sim, sim, não há dúvida, tudo isso é uma loucura, mas... (*Entra Petra.*)

Sra. Stockmann – Como? Já voltou da escola?

Petra – Sim, fui demitida.

Sra. Stockmann – Demitida!

Dr. Stockmann – Você também!

Petra – A Sra. Busk começou a fazer insinuações e eu, então, preferi sair imediatamente.

Sra. Stockmann – Nunca pensei que a Sra. Busk fosse uma mulher tão ruim!

Petra – A Sra. Busk no fundo, não é má pessoa. Dava para perceber que ela estava sofrendo com a situação. Ela estava sendo terrivelmente pressionada, segundo me disse. Aí, então, fui demitida.

Dr. Stockmann (*Rindo amargamente.*) – É fantástico! Ninguém se atreve a desafiá-los!

Sra. Stockmann – Depois de todo o tumulto de ontem à noite...

Petra – E tem mais, papai.

Dr. Stockmann – O quê?

Petra – A Sra. Busk me mostrou três cartas que recebeu esta manhã.

Dr. Stockmann – Anônimas, naturalmente?

Petra – Óbvio.

Dr. Stockmann – Viu só, Catarina? Eles não se atrevem a assinar as cartas.

Petra – E em duas delas diziam que uma pessoa que frequenta nossa casa teria dito no clube que eu tenho opiniões independentes demais sobre certos assuntos.

Dr. Stockmann – Espero que não tenhas negado!

Petra – Claro que não. A própria Sra. Busk tem também lá as suas próprias ideias, mas somente quando estamos a sós... E depois dessas fofocas ela não teve coragem de me manter na escola.

Sra. Stockmann – Vejam só! Uma pessoa que frequenta nossa casa! Está vendo, Thomas, é assim que agradecem a sua hospitalidade.

Dr. Stockmann – Chega de viver no meio de toda essa sujeira! Arruma as malas o mais depressa que puder, Catarina, e vamos embora: quanto antes, melhor.

Sra. Stockmann – Psiu! Acho que ouvi passos na varanda. Vai ver quem é, Petra?

Petra (*Abrindo a porta.*) – Ah! É o senhor Horster! Queira entrar.

Capitão Horster – Bom dia. Queria saber como vocês estão indo no meio desta tempestade.

Dr. Stockmann (*Cumprimentando o capitão.*) – Obrigado, capitão, é muito amável de sua parte vir nos visitar.

Sra. Stockmann – Agradecemos também de todo o coração a ajuda que nos deu ontem, enfrentando aquela massa furiosa.

Petra – Como o senhor voltou para casa, capitão?

Horster – Não foi tão difícil assim! Como bom marinheiro, eu sou bom de briga, e essa gente só sabe gritar.

Dr. Stockmann – É muito curiosa essa gente. Covardes que se escondem sob o manto da multidão. Mas mesmo na sua covardia eles são peculiares. Venha cá, vou lhe mostrar uma coisa. Guardei as pedras que atiraram em nossas janelas e caíram aqui dentro de casa. Veja só, duas ou três pedras realmente perigosas. O resto são pedrinhas inofensivas. Mas, no entanto, eles berravam furiosamente dizendo que iam me estraçalhar. Com estas pedrinhas? São cautelosos até para destruir...

Horster – Neste caso, muito melhor para o senhor, doutor.

Dr. Stockmann – Lá isso é verdade. Mas imagine, capitão, se um dia houver uma batalha decisiva para defender o país, o senhor verá que a famosa "maioria" correrá em debandada como um rebanho de ovelhas. Isso é que me deprime. O resto, pouco me importa! Sou um inimigo do povo, segundo eles dizem. Pois que assim seja – inimigo do povo.

Sra. Stockmann – Ora, Thomas, você jamais será um inimigo do povo.

Dr. Stockmann – Nunca pensei que acabaria perseguido e escorraçado pelas mesmas pessoas a quem eu quis fazer o bem. Esta é uma enorme mágoa que eu guardarei. Como um espinho cravado no meu coração.

Petra – Ora, papai! Você deve rir de tudo isso.

Horster – Essa gente, doutor, mais dia, menos dia, vai mudar de ideia.

Sra. Stockmann – Sim, Thomas, pode ter certeza disso.

Dr. Stockmann – É possível que aconteça isso. Mas aí, pode ser tarde... Aí eles vão se dar conta. (*Pensativo.*) Condenaram um patriota ao exílio... Quando pensa partir, capitão?

Horster – ....É sobre isso que eu queria falar com o senhor.

Dr. Stockmann – O que houve? Aconteceu alguma coisa com o navio?

Horster – Não, doutor. É que eu... não partirei.

Petra – Não diga que foi demitido?

Horster (*Sorrindo, tristemente.*) – Pois é isso mesmo, fui demitido.

Petra – O senhor também!

Sra. Stockmann – Está vendo, Thomas?

Dr. Stockmann – Tudo isso devido a sua lealdade, capitão! Ah! Se eu soubesse que tudo isso ia acontecer...

Horster – Não se preocupe, doutor. Vai ser fácil para mim arranjar emprego em outra cidade.

Dr. Stockmann – Mas logo esse sr. Vik. Um homem rico, que não depende de ninguém... (*Faz um gesto de nojo.*)

Horster – No fundo é um bom homem. Me disse que gostaria de me manter, mas não queria desafiar...

Dr. Stockmann – É como todos, capitão. Era de esperar!

Horster – Disse que, quando se pertence a um partido político, não se pode atrever-se a tomar atitudes independentes.

Dr. Stockmann (*Com ironia.*) – Ah! Quanto a isso, esse "bom homem" tem razão! Um partido? O senhor sabe o que é um partido, capitão? Partido é como uma máquina de moer carne... carne humana!

Sra. Stockmann – Ora, Thomas!

Petra (*A Horster.*) – Se o senhor não tivesse nos apoiado, talvez as coisas não tivessem chegado a esse ponto.

Horster – Não me arrependo do que fiz.

Petra (*Estendendo-lhe a mão.*) – Obrigada.

Horster (*Ao doutor.*) – Doutor, eu queria também dizer-lhe que, se o senhor quer partir, apesar de tudo, pensei num outro meio...

Dr. Stockmann – Desde que a gente vá embora daqui, qualquer meio é bem-vindo...

Sra. Stockmann – Ouçam! Estão batendo na porta.

Petra – Deve ser o tio Peter.

Dr. Stockmann – Ah! Ah! (*Gritando.*) Entre.

Sra. Stockmann – Por favor, meu querido Thomas, prometa-me...

(*Entra o Prefeito.*)

Prefeito (*Na porta.*) – Ah! Tens visita? Voltarei depois...

Dr. Stockmann – Não, não, entra.

Prefeito – Mas é uma conversa particular.

Sra. Stockmann – Não se preocupem, nós vamos para outra sala..

Horster – E eu voltarei mais tarde.

Dr. Stockmann – Não, capitão, por favor, aguarde lá na sala de jantar. Preciso falar com o senhor.

Horster – Está bem. Vou esperar.

(*Saem a Sra. Stockmann, o Capitão e Petra. O prefeito disfarçadamente olha as vidraças quebradas.*)

Dr. Stockmann (*Apontando para as vidraças quebradas.*) – Se o vento encanado lhe incomoda, você pode pôr o boné, Peter.

Prefeito – Com sua licença. (*Põe o boné.*) Acho que peguei um resfriado ontem à noite, naquele frio.

Dr. Stockmann – Frio? Curioso, eu achei que estava muito quente naquela sala.

Prefeito – Queria dizer que lamento muito não ter podido evitar os acontecimentos de ontem.

Dr. Stockmann – Era isso que queria me dizer tão confidencialmente?

Prefeito (*Tirando do bolso um documento.*) Tenho aqui uma carta da direção da Estação Balneária.

Dr. Stockmann – Estou demitido?

Prefeito – Sim, a partir de hoje. (*Depõe o papel em cima da mesa.*) Lamentamos muito, mas, francamente, não se pode fazer outra coisa diante do ambiente que se criou frente à opinião pública.

Dr. Stockmann – Engraçado, Peter, não é a primeira vez que ouço essa frase, hoje.

Prefeito – Thomas, por favor, pense bem na sua situação! A partir de hoje não terá um cliente sequer nesta cidade!

Dr. Stockmann – Danem-se os clientes! Mas como pode ter certeza disso?

Prefeito – A Associação dos Pequenos Proprietários está fazendo circular um abaixo-assinado. Todos os cidadãos devem comprometer-se a não chamar você em hipótese alguma. E posso lhe assegurar que nem um chefe de família se arriscará a negar a sua assinatura. Não se atrevem, simplesmente.

Dr. Stockmann – Quanto a isso, não tenho dúvidas. E o que mais?

Prefeito – Acho que você deve sair da cidade por uns tempos.

Dr. Stockmann – Estou pensando seriamente em ir embora.

Prefeito – Ótimo. E se, mais tarde, depois de uns seis meses de reflexão, tendo pensado tudo muito bem, você escrever um artigo no jornal reconhecendo que estava errado...

Dr. Stockmann – Você acredita que eles me reintegrariam no posto?

Prefeito – Talvez. Não é impossível.

Dr. Stockmann – Mas e a opinião pública? Vocês se atreveriam a afrontá-la?

Prefeito – A opinião pública, meu caro Thomas, é uma coisa muito relativa, varia muito, compreende? E, além disso, para falar com franqueza, o que importa é o seu desmentido.

Dr. Stockmann – Acredito. Para vocês seria maravilhoso. Mas você sabe muito bem o que penso dessas mentiras.

Prefeito – No início você estava em outra situação, achava que a cidade estava com você...

Dr. Stockmann – E agora todos estão contra mim! Fique sabendo, Peter, que nunca farei isso. Jamais!!!

Prefeito – Um pai de família não pode arriscar-se desta forma, Thomas.

Dr. Stockmann – Não posso arriscar-me? Só há no mundo uma coisa que um homem livre não deve se atrever a fazer. Sabe o que é?

Prefeito – Não.

Dr. Stockmann – Pois bem! Saiba que um homem de bem não deve encobrir imundícies. Ele deve ter a consciência tranquila, para amanhã não se envergonhar de si mesmo!

Prefeito – O que diz é perfeitamente justo. Se não houvesse outra razão para a obstinação com que defendes uma causa injusta... Mas é que, justamente, há uma...

Dr. Stockmann – Que quer dizer?

Prefeito – Você compreende bem. Estou lhe dando um conselho de irmão e de um homem razoável: não se agarre a esperanças inúteis que, provavelmente, nunca se realizarão.

Dr. Stockmann – O que você quer dizer com isso?

Prefeito – Vai me dizer que não conhece o testamento do velho Morten Kiil?

Dr. Stockmann – Sei que o pouco que ele tem está destinado a uma fundação para velhos operários necessitados. Mas que tenho eu com isso?

Prefeito – O pouco que tem? Ora, Thomas, o velho Morten Kiil é um homem rico, muito rico...

Dr. Stockmann – Não tenho a menor ideia... E não me importa.

Prefeito – E não tem ideia de que uma grande parte da sua fortuna será destinada aos seus filhos? E que você e sua mulher teriam todo esse dinheiro em usufruto? O velho nunca lhe disse isso?

Dr. Stockmann – Não! Ao contrário. Ele está sempre se queixando, fingindo-se de pobre! Reclamando dos impostos! Tens certeza do que estás dizendo, Peter?

Prefeito – Podes crer que tenho informações seguríssimas!

Dr. Stockmann – Santo Deus! Neste caso está assegurado o sustento de Catarina, e a das crianças também! Vou chamá-los para dar esta boa notícia. (*Gritando.*) Catarina, Catarina!

Prefeito (*Segurando-o.*) – Calado! Nem uma palavra por enquanto!

Sra. Stockmann (*Aparecendo na porta.*) – Você chamou?

Dr. Stockmann – Não é nada. Depois falamos. (*A Sra. Stockmann fecha a porta novamente.*)

Dr. Stockmann (*Caminhando nervosamente de um lado para outro.*) Os meus filhos e Catarina com o futuro assegurado! Livres das necessidades, apesar de tudo. Como esta notícia me deixa feliz!

Prefeito – Calma, Thomas. Ainda não está seguro! Kiil pode muito bem anular o testamento...

Dr. Stockmann – Não, Peter, ele não fará isso. O *Leitão* esteve aqui e eu percebi que ele estava muito contente vendo que eu enfrentava a você e seus amigos.

Prefeito (*Com preocupação.*) – Ah! Então eu começo a entender algumas coisas...

Dr. Stockmann – Que coisas?

Prefeito – Nada, nada... Então vocês tinham preparado isso há muito tempo! Todos os ataques que você desferiu contra as autoridades em nome da verdade faziam parte de um plano.

Dr. Stockmann – Não estou entendendo!

Prefeito – Esse era então o preço para figurar no testamento do rancoroso Morten Kiil?

Dr. Stockmann (*Quase sem voz.*) – Peter, você é o ser mais execrável que jamais encontrei na vida.

Prefeito – Não há mais nada para conversar, Thomas. Sua demissão é irrevogável. Temos agora uma arma muito poderosa contra você. (*Sai.*)

Dr. Stockmann (*Indignado, aos gritos.*) – Catarina, manda lavar o assoalho onde este homem pisou! Que tragam um balde de água. Chama... Como diabo se chama ela? Essa que está sempre com o nariz sujo de carvão.

Sra. Stockmann (*Na porta da sala.*) – Psiu! Psiu! Thomas!

Petra (*Na porta.*) – Papai, o vovô está aqui e quer falar contigo um momento.

Dr. Stockmann – Claro. (*Vai até a porta.*) Entre, meu sogro. (*Entra Morten Kiil.*).

Dr. Stockmann – Então? O que se passa? Sente, por favor.

Morten Kiil – Não, obrigado. (*Olha em volta.*) Sua casa hoje está muito confortável Stockmann.

Dr. Stockmann – Obrigado.

Morten Kiil – Muito confortável! Corre uma agradável corrente de ar fresco. Noto que hoje você tem aqui bastante daquele oxigênio de que nos falou ontem. Que me diz? Sua consciência deve estar bem limpa hoje, não?

Dr. Stockmann – Naturalmente.

Morten Kiil – Imagino. (*Bate no peito.*) Mas sabe você o que eu tenho aqui?

Dr. Stockmann – Espero que, também, a consciência limpa.

Morten Kiil – Coisa muito melhor. (*Saca um volumoso envelope, abre e mostra um maço de documentos.*)

Dr. Stockmann (*Olhando, admirado.*) – Ações da Estação Balneária?

Morten Kiil – Não era difícil consegui-las, hoje.

Dr. Stockmann – E o senhor comprou isso?

Morten Kiil – Comprei. Tudo o que consegui, enquanto tive dinheiro.

Dr. Stockmann – Mas meu sogro, o senhor se esquece da precária situação em que se acha a Estação Balneária neste momento!

Morten Kiil (*Sorrindo.*) – Se você souber proceder com prudência e ponderação, em pouco tempo tudo será resolvido.

Dr. Stockmann – Eu faço o que posso, meu sogro. Mas todos enlouqueceram nesta cidade.

Morten Kiil – Ontem você disse que as piores imundícies que infectavam as águas vinham do meu curtume. Se isso fosse verdade, meu avô, meu pai e eu seríamos há quase cem anos a grande praga da cidade. Você acha que eu posso tolerar semelhante desonra sobre o meu nome?

Dr. Stockmann – Infelizmente, acho que terá de se conformar com isso.

Morten Kiil – Absolutamente! Eu prezo muito o meu nome e minha reputação. Até já me puseram o apelido de Leitão, e um leitão é uma espécie de porco que chafurda na sujeira. Mostrarei que não mereço este tipo de apelido e que viverei como sempre vivi: na mais completa limpeza.

Dr. Stockmann – E o que fará para isso?

Morten Kiil – Será você, Stockmann, quem limpará o meu nome.

Dr. Stockmann – Eu?

Morten Kiil – Sim, você! Sabe você com que dinheiro eu comprei estas ações? Não, você não pode saber. Pois bem! Foi com o dinheiro que Catarina, Petra e os rapazes deveriam herdar, um dia, quando eu morresse. Porque, apesar de tudo, eu tinha algumas economias, fique sabendo.

Dr. Stockmann (*Com violência.*) – Como! É o dinheiro de Catarina que o senhor emprega dessa forma?

Morten Kiil – Sim, todo esse dinheiro está investido na Estação Balneária. E agora eu quero ver se você é realmente tão louco assim, Stockmann... Se vai continuar espalhando por aí que o lixo que infecta as águas vem do meu curtume. Pois divulgar estas mentiras significa prejudicar os interesses diretos de Catarina, de Petra, e dos rapazes também.

Dr. Stockmann (*Caminhando de um lado para outro.*) – Eu sou louco, sim senhor, sou louco!

Morten Kiil – Mas quando se trata de sua mulher e dos seus filhos, você não é tão louco assim.

Dr. Stockmann – O senhor não podia me consultar antes de comprar essa papelada inútil?

Morten Kiil – Essas coisas não se pode esperar.

Dr. Stockmann (*Indo e vindo, nervoso.*) – Se ao menos eu não tivesse tanta certeza disso...! Mas estou absolutamente convencido de que tenho razão.

Morten Kiil (*Mostrando a carteira.*) – Se você insistir nessa loucura, estes papéis aqui vão se desvalorizar terrivelmente, vão virar pó! (*Recoloca a carteira no bolso.*)

Dr. Stockmann – Mas, maldição! A ciência deve nos dar uma saída...

Morten Kiil – Para exterminar os micróbios?

Dr. Stockmann – Sim, ou ao menos torná-los inofensivos.

Morten Kiil – Você não poderia experimentar um veneno para ratos?

Dr. Stockmann – Isso é tolice! Pode até ser que eu esteja errado, já que todos estão de acordo em dizer que tudo isso é pura fantasia. Pode ser até que tenham razão! É pura fantasia. Se isso lhes convém... Não disseram que eu sou o inimigo do povo? Quase acabaram com a minha roupa...

Morten Kiil – E as vidraças todas!

Dr. Stockmann – Preciso consultar Catarina. Ela é muito ponderada nessas questões.

Morten Kiil – Isso. Ouça os conselhos de uma mulher sensata.

Dr. Stockmann (*Avançando sobre ele.*) – Por que o senhor foi fazer esta bobagem!? Arriscar assim o dinheiro de Catarina! Colocar-me nesta situação cruel, horrível! Você é o diabo em pessoa!

Morten Kiil – Nesse caso é melhor que eu me retire. Mas daqui a duas horas, quero saber qual foi a sua decisão Se sim ou não. Se for não, transfiro as ações para o asilo hoje mesmo.

Dr. Stockmann – E Catarina? O que você vai deixar para ela?

Morten Kiil – Nem um vintém.

(*A porta da rua se abre e aparecem Hovstad e Aslaksen.*)

Morten Kiil – Como! O que esses dois querem aqui?

Dr. Stockmann (*Olhando-os.*) – Que! Atrevem-se a vir à minha casa?

Hovstad – Sim, como o senhor está vendo.

Aslaksen – É que temos algo para dizer-lhe.

Morten Kiil (*Em voz baixa.*) – Sim, ou não. Você tem até as duas horas.

Aslaksen (*Olhando para Hovstad.*) – Ah! Ah!

(*Morten Kiil sai.*)

Dr. Stockmann – Pois bem! O que vocês querem? Sejam breves!

Hovstad – Nós compreendemos que depois da nossa atitude de ontem, o senhor deva estar chateado conosco.

Dr. Stockmann (*Faz cara de nojo.*) – Atitude! Vocês foram uma bela dupla de maus-caracteres!

Hovstad – Interprete como quiser. O fato é que não podíamos agir de outra forma.

Dr. Stockmann – Ou, por outras palavras, não se atreveriam a agir de outra forma, não é?

Hovstad – Admitamos que sim.

Aslaksen – Mas por que o senhor não nos disse nada? Bastava uma palavra a Hovstad ou a mim.

Dr. Stockmann – Não estou entendendo!

Aslaksen – Era só ter nos confessado tudo, doutor!

Dr. Stockmann – Não sei do que vocês estão falando!

Aslaksen (*Abanando a cabeça com ar malicioso.*) – Sabe sim, doutor, o senhor sabe muito bem.

Hovstad – Não há mais motivo para esconder.

Dr. Stockmann (*Encara os dois e faz uma pausa.*) – Ora essa! O que significa isso?

Aslaksen – Não é verdade que o velho Kiil está percorrendo a cidade comprando todas as ações da Estação Balneária?

Dr. Stockmann – Sim, ele andou comprando ações hoje pela manhã.

Aslaksen – Não teria sido mais seguro encarregar desse serviço outra pessoa, alguém que não fosse tão chegado a sua família?

Hovstad – E, além disso, o senhor não deveria ter se exposto tanto. Devia ter me consultado, Dr. Stockmann.

Dr. Stockmann (*Olha alguns instantes como sem entender e finalmente se dá conta das insinuações.*) – Santo Deus! Será possível que vocês podem pensar uma coisa dessas?

Aslaksen (*Sorrindo.*) – O senhor poderia ter sido mais hábil, doutor!

Hovstad – E, além disso, é melhor ter várias pessoas no negócio. Dessa forma dilui a responsabilidade...

Dr. Stockmann (*Contendo-se.*) – Resumindo, senhores, o que querem de mim?

Aslaksen – O Sr. Hovstad lhe dirá melhor do que eu.

Hovstad – Não, Aslaksen, diga-o você mesmo.

Aslaksen – Pois bem. Eis o negócio: agora que sabemos do que se trata, nós nos atreveríamos a pôr a *Voz do Povo* ao seu dispor.

Dr. Stockmann – Sério? Os senhores se atreveriam a fazê-lo? Mas... E a opinião pública? Não temem que ela se manifeste contra nós?

Hovstad – Procuraremos aplacar a tormenta.

Aslaksen – E, além disso, doutor, é preciso saber agir. Assim que os seus ataques à Estação Balneária surtirem efeito...

Dr. Stockmann – Assim que meu sogro e eu tivermos comprado todas ações a preço de banana... É isso que os senhores querem dizer?

Hovstad – Que será por interesse científico que o senhor assumirá a direção da Estação...

Dr. Stockmann – Claro! Foi por interesse da ciência que eu convenci o velho leitão a participar desta jogada! Depois de tudo arranjado, revolveremos um pouco a terra e reforçaremos os encanamentos da água sem que isso custe uma coroa sequer aos cofres municipais. Vocês acham que assim ficará tudo bem?

Hovstad – Creio que sim. Mas o senhor precisará ter a *Voz* do seu lado.

Aslaksen – Nos países livres, doutor, a imprensa é o quarto poder.

Dr. Stockmann – E a opinião pública também. Aslaksen, o senhor se encarregará da Associação dos Pequenos Proprietários, não é?

Aslaksen – Tanto da Associação dos Pequenos Proprietários como da Sociedade da Moderação. Pode contar com isso.

Dr. Stockmann – Mas afinal, senhores, tenho vergonha de abordar o assunto, mas, enfim, que vantagens...

Hovstad – O senhor deve compreender que preferiríamos apoiá-lo desinteressadamente. Infelizmente a *Voz do Povo* não anda bem, estamos com graves problemas financeiros... E suspender a publicação, neste momento em que nosso partido tem tantas batalhas políticas por enfrentar, seria muito ruim para a comunidade.

Dr. Stockmann – Naturalmente. Seria uma lástima para amigos do povo como os senhores. (*Exaltando-se.*) Mas eu, eu sou o inimigo desse povo. (*Correndo pelo quarto.*) Onde está minha bengala? Onde diabos está a minha bengala?

Hovstad – O que houve, doutor?

Aslaksen – O senhor não pensa em...

Dr. Stockmann (*Para.*) – O que aconteceria se eu me recusasse a dar a vocês um vintém do lucro das minhas ações? Lembrem-se de que de nós, os ricos, não se tira o dinheiro tão facilmente.

Hovstad – O senhor tem que entender que há duas maneiras de explicar publicamente este negócio.

Dr. Stockmann – Claro! Se eu não der dinheiro, a *Voz do Povo* denunciará o negócio de forma terrível, desonesta! Me perseguirão, tentarão acabar comigo!

Hovstad – É a lei da natureza. A luta pela vida!

Aslaksen – É, doutor, busca-se a comida, onde há.

Dr. Stockmann – Pois, então, vão procurar a sua no esgoto. (*Corre pelo quarto.*) Ah! Vamos ver qual de nós é o animal mais forte. (*Apanha o guarda-chuva num gesto de ameaça.*) Agora sim, vamos!

Hovstad – O senhor não vai usar a violência!

Aslaksen – Por favor, solte esse guarda-chuva!

Dr. Stockmann – Vamos, Sr. Hovstad, salte pela janela!

Hovstad (*Junto à porta.*) – O senhor está louco!

Dr. Stockmann – Pela janela, Sr. Aslaksen! Saltem, é uma ordem! Apressem-se!

Aslaksen (*Correndo em volta da mesa.*) – Calma, moderação, doutor... Sou um homem fraco, isso me faz mal... (*Gritando.*) Socorro! Socorro!

(*Entram a Sra. Stockmann, Petra e Horster.*)

Sra. Stockmann – Meu Deus! Thomas, que é isto?

Dr. Stockmann (*Ameaçando com o guarda-chuva.*) – Saltem! Já lhes disse! Para o esgoto!

Hovstad – É um ataque contra um homem inofensivo! Apelo para o seu testemunho, Cap. Horster.

Aslaksen (*Perplexo.*) – Se pelo menos eu conhecesse o caminho. (*Passam para a sala.*)

Sra. Stockmann – Vamos, Thomas, acalme-se!

Dr. Stockmann (*Largando o guarda-chuva.*) – Diabo! Afinal se foram!

Sra. Stockmann – Mas o que eles queriam contigo?

Dr. Stockmann – Eu conto mais tarde. Agora tenho outra coisa a fazer. (*Vai até a escrivaninha e escreve num cartão de visita.*) Você vê o que está escrito aqui, Catarina?

Sra. Stockmann – Três *não* em letra maiúscula. Que quer dizer isso?

Dr. Stockmann – Você também saberá mais tarde. (*Entregando o cartão a Petra.*) Toma, Petra, mande entregar isto ao seu avô, o mais depressa que puder. Anda! (*Petra sai, com o cartão na mão.*)

Dr. Stockmann – Acho que o diabo me mandou hoje toda a sua assessoria. Ah! Mas agora vou afiar minha pena para transformá-la num dardo que molharei em bile e veneno.

Sra. Stockmann – Está certo, Thomas, mas você esquece que vamos partir.

(*Petra retorna.*)

Dr. Stockmann – E então?

Petra – Está feito.

Dr. Stockmann – Ótimo. Você dizia que estamos de partida? Não, não vamos embora. Ficaremos onde estamos, Catarina.

Petra – Aqui?

Sra. Stockmann – Nesta cidade?

Dr. Stockmann – Sim, nesta cidade. Começou a batalha e é aqui que eu vou vencer! Quando você consertar minhas calças, vou sair à procura de uma casa. Precisamos de um teto para passar o inverno.

Horster – O senhor pode ficar na minha casa.

Dr. Stockmann – É sério?

Horster – É claro. Não tem problema algum. Tenho muitos quartos e quase sempre estou viajando.

Sra. Stockmann – Que generosidade a sua, Capitão Horster.

Petra – Obrigada.

Dr. Stockmann (*Apertando-lhe a mão.*) – Obrigado, muito obrigado! Uma preocupação a menos. Vou começar a trabalhar imediatamente. Ainda tenho muita coisa a investigar. E felizmente tenho todo o tempo que precisar, afinal, fui demitido de médico do Balneário.

Sra. Stockmann (*Suspirando.*) – Eu já esperava por isso.

Dr. Stockmann – ...E além disso, querem acabar com minha clínica tirando todos os meus clientes. Que o façam! Vou ficar ao lado dos pobres, dos que não possuem nada. Afinal de contas, meu Deus, são esses os que realmente mais precisam de mim. E eles me ouvirão, terão que me ouvir!

Sra. Stockmann – Meu querido Thomas, você bem viu onde levam os sermões.

Dr. Stockmann – Ora, Catarina, você me faz rir! Queria que eu me deixasse arrastar pela opinião dessa gente que só se move por interesses? Da tão propalada opinião pública, a famosa maioria silenciosa e todas essas baboseiras? Não, muito obrigado! O que eu quero é tão claro, tão simples! Eu quero que eles saibam – esses estúpidos que só dizem sim – que esses políticos pseudoliberais são os mais pérfidos inimigos dos homens livres. Eles inventaram os partidos políticos para policiar as consciências, exterminar as novas ideias e, portanto, não ter o seu poder ameaçado. Não é assim, Capitão Horster? Não acha que um dia os homens de bem compreenderão isto?

Horster – É bem possível. Mas eu não entendo nada dessas coisas.

Dr. Stockmann – Entende, sim. Ouça-me com atenção! O que é preciso combater são os líderes dos partidos. Eles são como lobos famintos que precisam, para viver, de um rebanho de ovelhas. Veja, por exemplo, Hovstad e Aslaksen: quantas ovelhas eles devoram. Eles se alimentam da boa-fé das pessoas e tudo o que esperam delas é que se tornem ou proprietários de casas ou assinantes da *Voz do Povo*! (*Recosta-se na mesa.*) Catarina, vem cá, vem ver como o sol manda seus raios generosos e como nos refresca a brisa da primavera que entra pela janela.

Sra. Stockmann – Sim, Thomas, mas não podemos viver somente de raios de sol e de brisas da primavera!

Dr. Stockmann – Verá que, se economizarmos, acabaremos equilibrando o orçamento. Isso é o que menos me preocupa. O pior é que não conheço ninguém suficientemente livre ou bastante leal para continuar minha missão depois que eu morrer.

Petra – Não pensa nisso pai. Você tem muito tempo de luta pela frente. Como? Os garotos já chegaram?

(*Eilif e Martin entram, vindos da sala.*)

Sra. Stockmann – Que é isso? Vocês não tiveram aula hoje?

Morten – É que brigamos com os outros meninos durante o recreio.

Eilif – Não é verdade: os outros é que brigaram conosco.

Morten – E então, o Sr. Roerlund nos disse que era melhor que ficássemos em casa durante uns dias, até as coisas acalmarem.

Dr. Stockmann (*Estala os dedos e fica de pé.*) – Já sei! Está resolvido! Vocês nunca mais voltarão ao colégio!

Os Meninos – Não voltaremos mais para o colégio, pai? Nunca mais?

Sra. Stockmann – Que é isso, Thomas?

Dr. Stockmann – Nunca mais! Eu mesmo vou me encarregar da educação de vocês.

Morten – Oba!

Dr. Stockmann – ...E farei de vocês homens livres e dignos. E então, Petra, você me ajuda neste trabalho?

Petra – Sim, pai, podes contar comigo.

Dr. Stockmann – E as aulas serão justamente no salão onde eu fui proclamado inimigo do povo. Mas é preciso que sejamos um grupo. Necessito, para começar, pelo menos de doze garotos.

Sra. Stockmann – Você pode ter certeza de que não vai encontrar nesta cidade.

Dr. Stockmann – Veremos. (*Aos pequenos.*) Vocês não conhecem alguns garotos de rua, alguns moleques?

Morten – Claro, pai, conhecemos vários!

Dr. Stockmann – Muito bem. Quero que vocês os tragam aqui. São garotos que não têm oportunidade alguma e poderemos encontrar homens extraordinários entre eles.

Martin – E o que vamos fazer quando formos homens livres e dignos?

Dr. Stockmann – Aí vocês vão sair na caça dos lobos que infestam esta cidade.

Sra. Stockmann – Ah! Desde que os lobos não te cacem antes, Thomas...

Dr. Stockmann – Não digas isso, Catarina! Caçarem-me? A mim, que agora sou o homem mais poderoso da cidade?

Sra. Stockmann – Poderoso? Você?

Dr. Stockmann – E lhe digo mais, Catarina. Me sinto, agora, um dos homens mais poderosos do mundo!

Martin – Puxa!

Dr. Stockmann (*Baixando a voz.*) – Psiu! Mas não digam por enquanto nada a ninguém, porque eu fiz uma grande descoberta.

Sra. Stockmann – Mais uma?

Dr. Stockmann – Sim, mais uma! (*Reúne todos em sua volta e fala num tom confidencial.*) Ouçam com atenção o que lhes vou dizer: o homem mais poderoso que há no mundo é o que está mais só.

Sra. Stockmann (*Sorrindo com um sinal de cabeça afetuoso.*) – Meu querido Thomas...

Petra (*Apertando-lhe as mãos num gesto de confiança.*) – Pai!

Fim

Coleção **L&PM** POCKET (Lançamentos mais recentes)

698.**Dez (quase) amores** – Claudia Tajes
699.**Poirot sempre espera** – Agatha Christie
701.**Apologia de Sócrates** *precedido de* **Êutifron** e *seguido de* **Críton** – Platão
702.**Wood & Stock** – Angeli
703.**Striptiras (3)** – Laerte
704.**Discurso sobre a origem e os fundamentos da desigualdade entre os homens** – Rousseau
705.**Os duelistas** – Joseph Conrad
706.**Dilbert (2)** – Scott Adams
707.**Viver e escrever** (vol. 1) – Edla van Steen
708.**Viver e escrever** (vol. 2) – Edla van Steen
709.**Viver e escrever** (vol. 3) – Edla van Steen
710.**A teia da aranha** – Agatha Christie
711.**O banquete** – Platão
712.**Os belos e malditos** – F. Scott Fitzgerald
713.**Libelo contra a arte moderna** – Salvador Dalí
714.**Akropolis** – Valerio Massimo Manfredi
715.**Devoradores de mortos** – Michael Crichton
716.**Sob o sol da Toscana** – Frances Mayes
717.**Batom na cueca** – Nani
718.**Vida dura** – Claudia Tajes
719.**Carne trêmula** – Ruth Rendell
720.**Cris, a fera** – David Coimbra
721.**O anticristo** – Nietzsche
722.**Como um romance** – Daniel Pennac
723.**Emboscada no Forte Bragg** – Tom Wolfe
724.**Assédio sexual** – Michael Crichton
725.**O espírito do Zen** – Alan W.Watts
726.**Um bonde chamado desejo** – Tennessee Williams
727.**Como gostais** *seguido de* **Conto de inverno** – Shakespeare
728.**Tratado sobre a tolerância** – Voltaire
729.**Snoopy: Doces ou travessuras? (7)** – Charles Schulz
730.**Cardápios do Anonymus Gourmet** – J.A. Pinheiro Machado
731.**100 receitas com lata** – J.A. Pinheiro Machado
732.**Conhece o Mário?** vol.2 – Santiago
733.**Dilbert (3)** – Scott Adams
734.**História de um louco amor** *seguido de* **Passado amor** – Horacio Quiroga
735(11).**Sexo: muito prazer** – Laura Meyer da Silva
736(12).**Para entender o adolescente** – Dr. Ronald Pagnoncelli
737(13).**Desembarcando a tristeza** – Dr. Fernando Lucchese
738.**Poirot e o mistério da arca espanhola & outras histórias** – Agatha Christie
739.**A última legião** – Valerio Massimo Manfredi
741.**Sol nascente** – Michael Crichton
742.**Duzentos ladrões** – Dalton Trevisan
743.**Os devaneios do caminhante solitário** – Rousseau
744.**Garfield, o rei da preguiça (10)** – Jim Davis
745.**Os magnatas** – Charles R. Morris
746.**Pulp** – Charles Bukowski
747.**Enquanto agonizo** – William Faulkner
748.**Aline: viciada em sexo (3)** – Adão Iturrusgarai
749.**A dama do cachorrinho** – Anton Tchékhov
750.**Tito Andrônico** – Shakespeare
751.**Antologia poética** – Anna Akhmátova
752.**O melhor de Hagar 6** – Dik e Chris Browne
753(12).**Michelangelo** – Nadine Sautel
754.**Dilbert (4)** – Scott Adams
755.**O jardim das cerejeiras** *seguido de* **Tio Vânia** – Tchékhov
756.**Geração Beat** – Claudio Willer
757.**Santos Dumont** – Alcy Cheuiche
758.**Budismo** – Claude B. Levenson
759.**Cleópatra** – Christian-Georges Schwentzel
760.**Revolução Francesa** – Frédéric Bluche, Stéphane Rials e Jean Tulard
761.**A crise de 1929** – Bernard Gazier
762.**Sigmund Freud** – Edson Sousa e Paulo Endo
763.**Império Romano** – Patrick Le Roux
764.**Cruzadas** – Cécile Morrisson
765.**O mistério do Trem Azul** – Agatha Christie
768.**Senso comum** – Thomas Paine
769.**O parque dos dinossauros** – Michael Crichton
770.**Trilogia da paixão** – Goethe
773.**Snoopy: No mundo da lua! (8)** – Charles Schulz
774.**Os Quatro Grandes** – Agatha Christie
775.**Um brinde de cianureto** – Agatha Christie
776.**Súplicas atendidas** – Truman Capote
779.**A viúva imortal** – Millôr Fernandes
780.**Cabala** – Roland Goetschel
781.**Capitalismo** – Claude Jessua
782.**Mitologia grega** – Pierre Grimal
783.**Economia: 100 palavras-chave** – Jean-Paul Betbèze
784.**Marxismo** – Henri Lefebvre
785.**Punição para a inocência** – Agatha Christie
786.**A extravagância do morto** – Agatha Christie
787(13).**Cézanne** – Bernard Fauconnier
788.**A identidade Bourne** – Robert Ludlum
789.**Da tranquilidade da alma** – Sêneca
790.**Um artista da fome** *seguido de* **Na colônia penal e outras histórias** – Kafka
791.**Histórias de fantasmas** – Charles Dickens
796.**O Uraguai** – Basílio da Gama
797.**A mão misteriosa** – Agatha Christie
798.**Testemunha ocular do crime** – Agatha Christie
799.**Crepúsculo dos ídolos** – Friedrich Nietzsche
802.**O grande golpe** – Dashiell Hammett
803.**Humor barra pesada** – Nani
804.**Vinho** – Jean-François Gautier
805.**Egito Antigo** – Sophie Desplancques
806(14).**Baudelaire** – Jean-Baptiste Baronian
807.**Caminho da sabedoria, caminho da paz** – Dalai Lama e Felizitas von Schönborn
808.**Senhor e servo e outras histórias** – Tolstói

809.**Os cadernos de Malte Laurids Brigge** – Rilke
810.**Dilbert (5)** – Scott Adams
811.**Big Sur** – Jack Kerouac
812.**Seguindo a correnteza** – Agatha Christie
813.**O álibi** – Sandra Brown
814.**Montanha-russa** – Martha Medeiros
815.**Coisas da vida** – Martha Medeiros
816.**A cantada infalível** *seguido de* **A mulher do centroavante** – David Coimbra
819.**Snoopy: Pausa para a soneca (9)** – Charles Schulz
820.**De pernas pro ar** – Eduardo Galeano
821.**Tragédias gregas** – Pascal Thiercy
822.**Existencialismo** – Jacques Colette
823.**Nietzsche** – Jean Granier
824.**Amar ou depender?** – Walter Riso
825.**Darmapada: A doutrina budista em versos**
826.**J'Accuse...! – a verdade em marcha** – Zola
827.**Os crimes ABC** – Agatha Christie
828.**Um gato entre os pombos** – Agatha Christie
831.**Dicionário de teatro** – Luiz Paulo Vasconcellos
832.**Cartas extraviadas** – Martha Medeiros
833.**A longa viagem de prazer** – J. J. Morosoli
834.**Receitas fáceis** – J. A. Pinheiro Machado
835.(14).**Mais fatos & mitos** – Dr. Fernando Lucchese
836.(15).**Boa viagem!** – Dr. Fernando Lucchese
837.**Aline: Finalmente nua!!!** (4) – Adão Iturrusgarai
838.**Mônica tem uma novidade!** – Mauricio de Sousa
839.**Cebolinha em apuros!** – Mauricio de Sousa
840.**Sócios no crime** – Agatha Christie
841.**Bocas do tempo** – Eduardo Galeano
842.**Orgulho e preconceito** – Jane Austen
843.**Impressionismo** – Dominique Lobstein
844.**Escrita chinesa** – Viviane Alleton
845.**Paris: uma história** – Yvan Combeau
846(15).**Van Gogh** – David Haziot
848.**Portal do destino** – Agatha Christie
849.**O futuro de uma ilusão** – Freud
850.**O mal-estar na cultura** – Freud
853.**Um crime adormecido** – Agatha Christie
854.**Satori em Paris** – Jack Kerouac
855.**Medo e delírio em Las Vegas** – Hunter Thompson
856.**Um negócio fracassado e outros contos de humor** – Tchékhov
857.**Mônica está de férias!** – Mauricio de Sousa
858.**De quem é esse coelho?** – Mauricio de Sousa
860.**O mistério Sittaford** – Agatha Christie
861.**Manhã transfigurada** – L. A. de Assis Brasil
862.**Alexandre, o Grande** – Pierre Briant
863.**Jesus** – Charles Perrot
864.**Islã** – Paul Balta
865.**Guerra da Secessão** – Farid Ameur
866.**Um rio que vem da Grécia** – Cláudio Moreno
868.**Assassinato na casa do pastor** – Agatha Christie
869.**Manual do líder** – Napoleão Bonaparte
870(16).**Billie Holiday** – Sylvia Fol
871.**Bidu arrasando!** – Mauricio de Sousa
872.**Os Sousa: Desventuras em família** – Mauricio de Sousa
874.**E no final a morte** – Agatha Christie
875.**Guia prático do Português correto – vol. 4** – Cláudio Moreno
876.**Dilbert (6)** – Scott Adams
877(17).**Leonardo da Vinci** – Sophie Chauveau
878.**Bella Toscana** – Frances Mayes
879.**A arte da ficção** – David Lodge
880.**Striptiras (4)** – Laerte
881.**Skrotinhos** – Angeli
882.**Depois do funeral** – Agatha Christie
883.**Radicci 7** – Iotti
884.**Walden** – H. D. Thoreau
885.**Lincoln** – Allen C. Guelzo
886.**Primeira Guerra Mundial** – Michael Howard
887.**A linha de sombra** – Joseph Conrad
888.**O amor é um cão dos diabos** – Bukowski
890.**Despertar: uma vida de Buda** – Jack Kerouac
891(18).**Albert Einstein** – Laurent Seksik
892.**Hell's Angels** – Hunter Thompson
893.**Ausência na primavera** – Agatha Christie
894.**Dilbert (7)** – Scott Adams
895.**Ao sul de lugar nenhum** – Bukowski
896.**Maquiavel** – Quentin Skinner
897.**Sócrates** – C.C.W. Taylor
899.**O Natal de Poirot** – Agatha Christie
900.**As veias abertas da América Latina** – Eduardo Galeano
901.**Snoopy: Sempre alerta! (10)** – Charles Schulz
902.**Chico Bento: Plantando confusão** – Mauricio de Sousa
903.**Penadinho: Quem é morto sempre aparece** – Mauricio de Sousa
904.**A vida sexual da mulher feia** – Claudia Tajes
905.**100 segredos de liquidificador** – José Antonio Pinheiro Machado
906.**Sexo muito prazer 2** – Laura Meyer da Silva
907.**Os nascimentos** – Eduardo Galeano
908.**As caras e as máscaras** – Eduardo Galeano
909.**O século do vento** – Eduardo Galeano
910.**Poirot perde uma cliente** – Agatha Christie
911.**Cérebro** – Michael O'Shea
912.**O escaravelho de ouro e outras histórias** – Edgar Allan Poe
913.**Piadas para sempre (4)** – Visconde da Casa Verde
914.**100 receitas de massas light** – Helena Tonetto
915(19).**Oscar Wilde** – Daniel Salvatore Schiffer
916.**Uma breve história do mundo** – H. G. Wells
917.**A Casa do Penhasco** – Agatha Christie
919.**John M. Keynes** – Bernard Gazier
920(20).**Virginia Woolf** – Alexandra Lemasson
921.**Peter e Wendy** *seguido de* **Peter Pan em Kensington Gardens** – J. M. Barrie
922.**Aline: numas de colegial (5)** – Adão Iturrusgarai
923.**Uma dose mortal** – Agatha Christie
924.**Os trabalhos de Hércules** – Agatha Christie
926.**Kant** – Roger Scruton
927.**A inocência do Padre Brown** – G.K. Chesterton
928.**Casa Velha** – Machado de Assis

929.**Marcas de nascença** – Nancy Huston
930.**Aulete de bolso**
931.**Hora Zero** – Agatha Christie
932.**Morte na Mesopotâmia** – Agatha Christie
934.**Nem te conto, João** – Dalton Trevisan
935.**As aventuras de Huckleberry Finn** – Mark Twain
936(21).**Marilyn Monroe** – Anne Plantagenet
937.**China moderna** – Rana Mitter
938.**Dinossauros** – David Norman
939.**Louca por homem** – Claudia Tajes
940.**Amores de alto risco** – Walter Riso
941.**Jogo de damas** – David Coimbra
942.**Filha é filha** – Agatha Christie
943.**M ou N?** – Agatha Christie
945.**Bidu: diversão em dobro!** – Mauricio de Sousa
946.**Fogo** – Anaïs Nin
947.**Rum: diário de um jornalista bêbado** – Hunter Thompson
948.**Persuasão** – Jane Austen
949.**Lágrimas na chuva** – Sergio Faraco
950.**Mulheres** – Bukowski
951.**Um pressentimento funesto** – Agatha Christie
952.**Cartas na mesa** – Agatha Christie
954.**O lobo do mar** – Jack London
955.**Os gatos** – Patricia Highsmith
956(22).**Jesus** – Christiane Rancé
957.**História da medicina** – William Bynum
958.**O Morro dos Ventos Uivantes** – Emily Brontë
959.**A filosofia na era trágica dos gregos** – Nietzsche
960.**Os treze problemas** – Agatha Christie
961.**A massagista japonesa** – Moacyr Scliar
963.**Humor do miserê** – Nani
964.**Todo o mundo tem dúvida, inclusive você** – Édison de Oliveira
965.**A dama do Bar Nevada** – Sergio Faraco
969.**O psicopata americano** – Bret Easton Ellis
970.**Ensaios de amor** – Alain de Botton
971.**O grande Gatsby** – F. Scott Fitzgerald
972.**Por que não sou cristão** – Bertrand Russell
973.**A Casa Torta** – Agatha Christie
974.**Encontro com a morte** – Agatha Christie
975(23).**Rimbaud** – Jean-Baptiste Baronian
976.**Cartas na rua** – Bukowski
977.**Memória** – Jonathan K. Foster
978.**A abadia de Northanger** – Jane Austen
979.**As pernas de Úrsula** – Claudia Tajes
980.**Retrato inacabado** – Agatha Christie
981.**Solanin (1)** – Inio Asano
982.**Solanin (2)** – Inio Asano
983.**Aventuras de menino** – Mitsuru Adachi
984(16).**Fatos & mitos sobre sua alimentação** – Dr. Fernando Lucchese
985.**Teoria quântica** – John Polkinghorne
986.**O eterno marido** – Fiódor Dostoiévski
987.**Um safado em Dublin** – J. P. Donleavy
988.**Mirinha** – Dalton Trevisan
989.**Akhenaton e Nefertiti** – Carmen Seganfredo e A. S. Franchini
990.**On the Road – o manuscrito original** – Jack Kerouac
991.**Relatividade** – Russell Stannard
992.**Abaixo de zero** – Bret Easton Ellis
993(24).**Andy Warhol** – Mériam Korichi
995.**Os últimos casos de Miss Marple** – Agatha Christie
996.**Nico Demo: Aí vem encrenca** – Mauricio de Sousa
998.**Rousseau** – Robert Wokler
999.**Noite sem fim** – Agatha Christie
1000.**Diários de Andy Warhol (1)** – Editado por Pat Hackett
1001.**Diários de Andy Warhol (2)** – Editado por Pat Hackett
1002.**Cartier-Bresson: o olhar do século** – Pierre Assouline
1003.**As melhores histórias da mitologia: vol. 1** – A.S. Franchini e Carmen Seganfredo
1004.**As melhores histórias da mitologia: vol. 2** – A.S. Franchini e Carmen Seganfredo
1005.**Assassinato no beco** – Agatha Christie
1006.**Convite para um homicídio** – Agatha Christie
1008.**História da vida** – Michael J. Benton
1009.**Jung** – Anthony Stevens
1010.**Arsène Lupin, ladrão de casaca** – Maurice Leblanc
1011.**Dublinenses** – James Joyce
1012.**120 tirinhas da Turma da Mônica** – Mauricio de Sousa
1013.**Antologia poética** – Fernando Pessoa
1014.**A aventura de um cliente ilustre** ***seguido de*** **O último adeus de Sherlock Holmes** – Sir Arthur Conan Doyle
1015.**Cenas de Nova York** – Jack Kerouac
1016.**A corista** – Anton Tchékhov
1017.**O diabo** – Leon Tolstói
1018.**Fábulas chinesas** – Sérgio Capparelli e Márcia Schmaltz
1019.**O gato do Brasil** – Sir Arthur Conan Doyle
1020.**Missa do Galo** – Machado de Assis
1021.**O mistério de Marie Rogêt** – Edgar Allan Poe
1022.**A mulher mais linda da cidade** – Bukowski
1023.**O retrato** – Nicolai Gogol
1024.**O conflito** – Agatha Christie
1025.**Os primeiros casos de Poirot** – Agatha Christie
1027(25).**Beethoven** – Bernard Fauconnier
1028.**Platão** – Julia Annas
1029.**Cleo e Daniel** – Roberto Freire
1030.**Til** – José de Alencar
1031.**Viagens na minha terra** – Almeida Garrett
1032.**Profissões para mulheres e outros artigos feministas** – Virginia Woolf
1033.**Mrs. Dalloway** – Virginia Woolf
1034.**O cão da morte** – Agatha Christie
1035.**Tragédia em três atos** – Agatha Christie
1037.**O fantasma da Ópera** – Gaston Leroux
1038.**Evolução** – Brian e Deborah Charlesworth
1039.**Medida por medida** – Shakespeare
1040.**Razão e sentimento** – Jane Austen

1041.**A obra-prima ignorada** *seguido de* **Um episódio durante o Terror** – Balzac
1042.**A fugitiva** – Anaïs Nin
1043.**As grandes histórias da mitologia greco--romana** – A. S. Franchini
1044.**O corno de si mesmo & outras historietas** – Marquês de Sade
1045.**Da felicidade** *seguido de* **Da vida retirada** – Sêneca
1046.**O horror em Red Hook e outras histórias** – H. P. Lovecraft
1047.**Noite em claro** – Martha Medeiros
1048.**Poemas clássicos chineses** – Li Bai, Du Fu e Wang Wei
1049.**A terceira moça** – Agatha Christie
1050.**Um destino ignorado** – Agatha Christie
1051(26).**Buda** – Sophie Royer
1052.**Guerra Fria** – Robert J. McMahon
1053.**Simons's Cat: as aventuras de um gato travesso e comilão – vol. 1** – Simon Tofield
1054.**Simons's Cat: as aventuras de um gato travesso e comilão – vol. 2** – Simon Tofield
1055.**Só as mulheres e as baratas sobreviverão** – Claudia Tajes
1057.**Pré-história** – Chris Gosden
1058.**Pintou sujeira!** – Mauricio de Sousa
1059.**Contos de Mamãe Gansa** – Charles Perrault
1060.**A interpretação dos sonhos: vol. 1** – Freud
1061.**A interpretação dos sonhos: vol. 2** – Freud
1062.**Frufru Rataplã Dolores** – Dalton Trevisan
1063.**As melhores histórias da mitologia egípcia** – Carmem Seganfredo e A.S. Franchini
1064.**Infância. Adolescência. Juventude** – Tolstói
1065.**As consolações da filosofia** – Alain de Botton
1066.**Diários de Jack Kerouac – 1947-1954**
1067.**Revolução Francesa – vol. 1** – Max Gallo
1068.**Revolução Francesa – vol. 2** – Max Gallo
1069.**O detetive Parker Pyne** – Agatha Christie
1070.**Memórias do esquecimento** – Flávio Tavares
1071.**Drogas** – Leslie Iversen
1072.**Manual de ecologia (vol.2)** – J. Lutzenberger
1073.**Como andar no labirinto** – Affonso Romano de Sant'Anna
1074.**A orquídea e o serial killer** – Juremir Machado da Silva
1075.**Amor nos tempos de fúria** – Lawrence Ferlinghetti
1076.**A aventura do pudim de Natal** – Agatha Christie
1078.**Amores que matam** – Patricia Faur
1079.**Histórias de pescador** – Mauricio de Sousa
1080.**Pedaços de um caderno manchado de vinho** – Bukowski
1081.**A ferro e fogo: tempo de solidão (vol.1)** – Josué Guimarães
1082.**A ferro e fogo: tempo de guerra (vol.2)** – Josué Guimarães
1084(17).**Desembarcando o Alzheimer** – Dr. Fernando Lucchese e Dra. Ana Hartmann
1085.**A maldição do espelho** – Agatha Christie
1086.**Uma breve história da filosofia** – Nigel Warburton
1088.**Heróis da História** – Will Durant
1089.**Concerto campestre** – L. A. de Assis Brasil
1090.**Morte nas nuvens** – Agatha Christie
1092.**Aventura em Bagdá** – Agatha Christie
1093.**O cavalo amarelo** – Agatha Christie
1094.**O método de interpretação dos sonhos** – Freud
1095.**Sonetos de amor e desamor** – Vários
1096.**120 tirinhas do Dilbert** – Scott Adams
1097.**200 fábulas de Esopo**
1098.**O curioso caso de Benjamin Button** – F. Scott Fitzgerald
1099.**Piadas para sempre: uma antologia para morrer de rir** – Visconde da Casa Verde
1100.**Hamlet (Mangá)** – Shakespeare
1101.**A arte da guerra (Mangá)** – Sun Tzu
1104.**As melhores histórias da Bíblia (vol.1)** – A. S. Franchini e Carmen Seganfredo
1105.**As melhores histórias da Bíblia (vol.2)** – A. S. Franchini e Carmen Seganfredo
1106.**Psicologia das massas e análise do eu** – Freud
1107.**Guerra Civil Espanhola** – Helen Graham
1108.**A autoestrada do sul e outras histórias** – Julio Cortázar
1109.**O mistério dos sete relógios** – Agatha Christie
1110.**Peanuts: Ninguém gosta de mim... (amor)** – Charles Schulz
1111.**Cadê o bolo?** – Mauricio de Sousa
1112.**O filósofo ignorante** – Voltaire
1113.**Totem e tabu** – Freud
1114.**Filosofia pré-socrática** – Catherine Osborne
1115.**Desejo de status** – Alain de Botton
1118.**Passageiro para Frankfurt** – Agatha Christie
1120.**Kill All Enemies** – Melvin Burgess
1121.**A morte da sra. McGinty** – Agatha Christie
1122.**Revolução Russa** – S. A. Smith
1123.**Até você, Capitu?** – Dalton Trevisan
1124.**O grande Gatsby (Mangá)** – F. S. Fitzgerald
1125.**Assim falou Zaratustra (Mangá)** – Nietzsche
1126. **Peanuts: É para isso que servem os amigos (amizade)** – Charles Schulz
1127(27).**Nietzsche** – Dorian Astor
1128.**Bidu: Hora do banho** – Mauricio de Sousa
1129.**O melhor do Macanudo Taurino** – Santiago
1130.**Radicci 30 anos** – Iotti
1131.**Show de sabores** – J.A. Pinheiro Machado
1132.**O prazer das palavras** – vol. 3 – Cláudio Moreno
1133.**Morte na praia** – Agatha Christie
1134.**O fardo** – Agatha Christie
1135.**Manifesto do Partido Comunista (Mangá)** – Marx & Engels
1136.**A metamorfose (Mangá)** – Franz Kafka
1137.**Por que você não se casou... ainda** – Tracy McMillan
1138.**Textos autobiográficos** – Bukowski
1139.**A importância de ser prudente** – Oscar Wilde
1140.**Sobre a vontade na natureza** – Arthur Schopenhauer
1141.**Dilbert (8)** – Scott Adams

1142.**Entre dois amores** – Agatha Christie
1143.**Cipreste triste** – Agatha Christie
1144.**Alguém viu uma assombração?** – Mauricio de Sousa
1145.**Mandela** – Elleke Boehmer
1146.**Retrato do artista quando jovem** – James Joyce
1147.**Zadig ou o destino** – Voltaire
1148.**O contrato social (Mangá)** – J.-J. Rousseau
1149.**Garfield fenomenal** – Jim Davis
1150.**A queda da América** – Allen Ginsberg
1151.**Música na noite & outros ensaios** – Aldous Huxley
1152.**Poesias inéditas & Poemas dramáticos** – Fernando Pessoa
1153.**Peanuts: Felicidade é...** – Charles M. Schulz
1154.**Mate-me por favor** – Legs McNeil e Gillian McCain
1155.**Assassinato no Expresso Oriente** – Agatha Christie
1156.**Um punhado de centeio** – Agatha Christie
1157.**A interpretação dos sonhos (Mangá)** – Freud
1158.**Peanuts: Você não entende o sentido da vida** – Charles M. Schulz
1159.**A dinastia Rothschild** – Herbert R. Lottman
1160.**A Mansão Hollow** – Agatha Christie
1161.**Nas montanhas da loucura** – H.P. Lovecraft
1162(28).**Napoleão Bonaparte** – Pascale Fautrier
1163.**Um corpo na biblioteca** – Agatha Christie
1164.**Inovação** – Mark Dodgson e David Gann
1165.**O que toda mulher deve saber sobre os homens: a afetividade masculina** – Walter Riso
1166.**O amor está no ar** – Mauricio de Sousa
1167.**Testemunha de acusação & outras histórias** – Agatha Christie
1168.**Etiqueta de bolso** – Celia Ribeiro
1169.**Poesia reunida (volume 3)** – Affonso Romano de Sant'Anna
1170.**Emma** – Jane Austen
1171.**Que seja em segredo** – Ana Miranda
1172.**Garfield sem apetite** – Jim Davis
1173.**Garfield: Foi mal...** – Jim Davis
1174.**Os irmãos Karamázov (Mangá)** – Dostoiévski
1175.**O Pequeno Príncipe** – Antoine de Saint-Exupéry
1176.**Peanuts: Ninguém mais tem o espírito aventureiro** – Charles M. Schulz
1177.**Assim falou Zaratustra** – Nietzsche
1178.**Morte no Nilo** – Agatha Christie
1179.**Ê, soneca boa** – Mauricio de Sousa
1180.**Garfield a todo o vapor** – Jim Davis
1181.**Em busca do tempo perdido (Mangá)** – Proust
1182.**Cai o pano: o último caso de Poirot** – Agatha Christie
1183.**Livro para colorir e relaxar** – Livro 1
1184.**Para colorir sem parar**
1185.**Os elefantes não esquecem** – Agatha Christie
1186.**Teoria da relatividade** – Albert Einstein
1187.**Compêndio da psicanálise** – Freud
1188.**Visões de Gerard** – Jack Kerouac
1189.**Fim de verão** – Mohiro Kitoh
1190.**Procurando diversão** – Mauricio de Sousa
1191.**E não sobrou nenhum e outras peças** – Agatha Christie
1192.**Ansiedade** – Daniel Freeman & Jason Freeman
1193.**Garfield: pausa para o almoço** – Jim Davis
1194.**Contos do dia e da noite** – Guy de Maupassant
1195.**O melhor de Hagar 7** – Dik Browne
1196(29).**Lou Andreas-Salomé** – Dorian Astor
1197(30).**Pasolini** – René de Ceccatty
1198.**O caso do Hotel Bertram** – Agatha Christie
1199.**Crônicas de motel** – Sam Shepard
1200.**Pequena filosofia da paz interior** – Catherine Rambert
1201.**Os sertões** – Euclides da Cunha
1202.**Treze à mesa** – Agatha Christie
1203.**Bíblia** – John Riches
1204.**Anjos** – David Albert Jones
1205.**As tirinhas do Guri de Uruguaiana 1** – Jair Kobe
1206.**Entre aspas (vol.1)** – Fernando Eichenberg
1207.**Escrita** – Andrew Robinson
1208.**O spleen de Paris: pequenos poemas em prosa** – Charles Baudelaire
1209.**Satíricon** – Petrônio
1210.**O avarento** – Molière
1211.**Queimando na água, afogando-se na chama** – Bukowski
1212.**Miscelânea septuagenária: contos e poemas** – Bukowski
1213.**Que filosofar é aprender a morrer e outros ensaios** – Montaigne
1214.**Da amizade e outros ensaios** – Montaigne
1215.**O medo à espreita e outras histórias** – H.P. Lovecraft
1216.**A obra de arte na era de sua reprodutibilidade técnica** – Walter Benjamin
1217.**Sobre a liberdade** – John Stuart Mill
1218.**O segredo de Chimneys** – Agatha Christie
1219.**Morte na rua Hickory** – Agatha Christie
1220.**Ulisses (Mangá)** – James Joyce
1221.**Ateísmo** – Julian Baggini
1222.**Os melhores contos de Katherine Mansfield** – Katherine Mansfied
1223(31).**Martin Luther King** – Alain Foix
1224.**Millôr Definitivo: uma antologia de *A Bíblia do Caos*** – Millôr Fernandes
1225.**O Clube das Terças-Feiras e outras histórias** – Agatha Christie
1226.**Por que sou tão sábio** – Nietzsche
1227.**Sobre a mentira** – Platão
1228.**Sobre a leitura** *seguido do* **Depoimento de Céleste Albaret** – Proust
1229.**O homem do terno marrom** – Agatha Christie
1230(32).**Jimi Hendrix** – Franck Médioni
1231.**Amor e amizade e outras histórias** – Jane Austen
1232.**Lady Susan, Os Watson e Sanditon** – Jane Austen